性暴力被害者の総合的・包括的支援シリーズ 3

性暴力被害者への支援員の役割

―リプロダクティブ・ライツをまもる―

特定非営利活動法人
性暴力救援センター・大阪SACHICO 編

信山社

「性暴力被害者の総合的・包括的支援」
全3巻の出版にあたって

　日本で初めての性暴力被害者支援ワンストップセンターである性暴力救援センター・大阪 SACHICO は，2010 年 4 月，大阪府松原市の民間病院である阪南中央病院の中に開設されました。これは，それまで産婦人科医療の場や精神科医療の場，カウンセリングや法的支援の場，そしてさまざまな女性支援活動の場で，性暴力被害当事者に接してきたものたちが集まり，思いを寄せ合い，議論を重ね，多くの個人及び団体からの資金援助を受け，病院の理解と協力を得て，実現したものです。

　SACHICO とは，Sexual Assault Crisis Healing Intervention Center Osaka （性暴力危機治療的介入センター大阪）の頭文字をとったものです。性暴力被害は，心とからだの危機であり，産婦人科的救急医療が必要で，「危機に治療的に介入」はすなわち「救援」であると考え，性暴力救援センター・大阪 SACHICO と名付けました。

　SACHICO では，24 時間態勢でホットラインを設置し，支援員の常駐と産婦人科救急医療態勢を整えることにより，被害直後からの心とからだの治療と，その後の回復に向けた継続的なケアとサポートを提供してきました。支援は「当事者が選ぶ・決める」を大切にし，支援員と担当医師とでコーディネートしていきます。「被害を受けたことの憤りや怒りをどのように加害者にぶつけることができるのか」等を相談したい時は，SACHICO の登録弁護士を紹介します。「眠れない」，「電車に乗れない」，「フラッシュバックの症状が出る」，などの精神症状が続く場合は SACHICO 専任の精神科医師に紹介します。家族との関係やパートナーとの関係，加害者との関係等の振り返りや，感情の表出のためにカウンセリングが必要であれば，実績のあるカウンセラーを紹介します。警察への通報を希望されれば，SACHICO より所轄の警察に通報し，必要により同行します。裁判になるようなときは，同行を続けます。児童相談所との連携による子どもの安全の確保や，学校関係

者へのアドバイスや性教育への提言など，活動は多岐にわたります。

　開設後7年を経て，電話は2万8,573件，来所の延べ件数は5,188件，初診の実人数は1,486人に上っています（2016年度末現在）。すなわち，1年間に200人以上もの人たちを新たに当事者として迎え入れていることになります。被害内容はそれぞれに重く，私たちの支援の力が問われる日々が続いています。なかには当事者が希望しても刑事事件にならない場合もありますが，性的な人権が脅かされ，性的自己決定権が侵害されていることを支援者は確認し，何ができるかを考え，必要な支援を提供していくことが求められます。今なお暗数として存在しているであろう当事者の多さを考える時，今後更に多くの方が救援センターに支援を求めて来られる可能性があり，支援する側が質的にも量的にも力を付けていくことが喫緊の課題として求められています。

　7年間の活動を通して見えて来たことは，①警察に通報しない人が半数以上であること，②子どもの被害が多いこと，③妊娠がわかってからの来所が多いこと，④酒や薬物を使用したり，ネットを使っての加害が多いこと，⑤障害を持つ人の被害の発見と対応は困難であること等です。以上のような場合，①証拠物の保管，②子どもの診療，③妊娠への対応，④薬物検査のための検体の確保等は非常に重要ですが，病院拠点型のワンストップセンターだからこそ可能な診療と支援であると言わざるを得ません。

　「2020年までに各都道府県に最低1か所のワンストップ支援センターの設置をめざす」という国の方針が打ち出され，現在，病院拠点型は開設が困難という理由で，連携型の支援センターが次々と開設されています。今後，これらのセンターが当事者から求められる支援に応えて行くためには，「連携型」をステップとして「病院拠点型」に発展していくことが必要であると考えています。

　以上のような局面において，全国各地どこででもすべての被害者が一定水準を満たす支援を受けられるように，私たちの7年間の経験を踏まえた支援の手引書を作成することは意義があると考え，以下の全3巻のシリーズで発行することにいたしました。

「性暴力被害者の総合的・包括的支援」全3巻の出版にあたって

シリーズ1 「性暴力被害者の法的支援
　　　　　──性的自己決定権・性的人格権の確立に向けて──」

シリーズ2 「性暴力被害者の医療的支援
　　　　　──リプロダクティブ・ヘルス＆ライツの回復に向けて──」

シリーズ3 「性暴力被害者への支援員の役割
　　　　　──リプロダクティブ・ライツをまもる──」

　このシリーズが，支援の側にいる弁護士・医師・支援員等関係者の基礎的な法的知識や医学的知識に関する理解を深めるだけでなく，性暴力被害当事者にとっても，自身が受けられる支援の内容を理解する上で手助けになり，回復への後押しになればと願っています。

特定非営利活動法人
性暴力救援センター・大阪 SACHICO 理事長

加藤 治子

目　次

目　次

巻頭言〔加藤　治子〕

第1章　性暴力救援センターにおける性暴力
被害者の総合的・包括的支援

1　はじめに──性暴力救援センターの役割　…〔加藤治子・楠本裕紀〕… 5

　1　支援の対象と組織化（加藤）………………………………… 5

　2　性暴力と性犯罪（加藤）………………………………………… 6

　3　医師と支援員による包括的支援（加藤）……………………… 7

　4　リプロダクティブ・ライツをまもる ……………………… 8

　　(1)　リプロダクティブ・ヘルス／ライツとは（加藤）(8)

　　(2)　性暴力救援センター・大阪 SACHICO における支援の
　　　あり方（加藤）(12)

　　(3)　性暴力救援センター・大阪 SACHICO における支援員
　　　とは（楠本）(13)

　コラム　医療スタッフと支援員　………………〔生魚かおり〕… 16

2　性暴力被害者支援の様々な場面と支援者・支援員
　　　　　　　　　　　　　　　　　　　　　　　…〔山本　恒雄〕… 19

　I　相談支援の流れと様々な相談者と支援者 …………………… 19

　1　最初の接触…………………………………………………… 20

　2　本人からの接触 …………………………………………… 32

　3　家族・親族・友人・知人からの接触 ……………………… 33

vi

|4| 警察からの接触 ……………………………………… 34

|5| 児童相談所，都道府県・市町村役所からの接触 ………… 35

|6| その他の相談窓口からの紹介 ……………………… 36

|7| ネットにおける接触 ………………………………… 37

|8| その他　共通事項 …………………………………… 40

Ⅱ　医療受診（インテークとフォローアップ）………… 40

|1| 最初の相談から医療受診へつなぐ ………………… 41

|2| 産科・婦人科受診 …………………………………… 42

|3| 精神・神経科受診 …………………………………… 44

|4| その他の受診 ………………………………………… 47

Ⅲ　精神・情緒面での支援と治療 ……………………… 47

|1| 医療的な対応 ………………………………………… 48

|2| 心理・精神面での支援 ……………………………… 48

|3| 心理治療・カウンセリング ………………………… 50

Ⅳ　法的対応（司法・民事）…………………………… 55

|1| 警 察 関 係 …………………………………………… 55

|2| 弁護士関係 …………………………………………… 58

|3| 裁判所関係 …………………………………………… 59

Ⅴ　支援員の役割と連携 ………………………………… 60

|1| 生活支援と回復 ……………………………………… 60

|2| 予 防 活 動 …………………………………………… 63

3　支援員として注意すべきこと ………………〔丸山　恭子〕… 65

4　支援のネットワーク・コーディネート ………〔山本　恒雄〕… 71

|1| 内部ネットワーク・コーディネート ……………… 71

|2| 外部ネットワーク・コーディネート ……………… 72

目　次

第2章　性暴力救援センターにおける支援員の役割

1　性暴力救援センター・大阪 SACHICO における支援員
　の役割 ……………………………………〔原田薫・高見陽子〕… 75

　1　支援員のスタンス（原田）………………………………… 75
　2　当事者への支援のあり方（原田）……………………… 76
　3　被害者家族への支援のあり方（高見）……………… 79
　4　同行支援のあり方（高見）……………………………… 82
　5　関係機関との関わり方（高見）……………………… 83
　6　学校との連携（原田）……………………………………… 86

2　性暴力救援センター・大阪 SACHICO における支援
　──実際の支援──……………………〔楠本裕紀・加藤治子〕… 89

　構成事例1　成人のレイプ被害「友人からの被害」（楠本）……… 89
　構成事例2　学校内生徒間被害「同級生からの被害」（楠本）…… 91
　構成事例3　性虐待被害「実父からの被害」（楠本）……………… 92
　構成事例4　子どもの強制わいせつ被害「保育士からの
　　　　　　　被害」（加藤）……………………………………… 95
　構成事例5　成人の強制わいせつ被害「職場の上司から
　　　　　　　の被害」（加藤）………………………………… 96
　構成事例6　DV 被害「夫からの性的 DV 被害」（加藤）……… 99
　構成事例7　性的搾取「13 歳，不特定多数との性交」（加藤）… 101

　コラム　当事者からのメッセージ ……………………〔当事者 A.〕… 105

目　次

第3章　性暴力救援センターにおける支援員の養成・育成

1　性暴力救援センター・大阪 SACHICO における支援員の養成
……………………………………………〔原田　薫〕… 109

1 アドボケーター（支援員）養成講座　…………………… 109

2 支援員の採用の仕組み，および稼働の実際　…………… 112

3 支援員としての資質向上に向けた育成への取り組み　……… 113

4 ウィメンズセンター大阪の役割……………………………… 115

2　支援員のセルフケア ………………〔久保田康愛・生魚かおり〕… 121

1 支援員の二次受傷を防ぐ（久保田）　…………………… 121

2 セルフケアの必要性（生魚）………………………………… 124

3 セルフケアの具体例（生魚）………………………………… 125

呼吸リラクセーション（125）／ アロマセラピー（127）／
芳香浴（129）／ アロマセラピーマッサージ（130）

コラム　セクシャル リプロダクティブ・ヘルス＆ライツの将来
………………………………………………〔加藤　治子〕… 133

あとがき〔雪田　樹理〕（137）

ix

性暴力被害者の総合的・包括的支援 シリーズ **3**

性暴力被害者への支援員の役割

—— リプロダクティブ・ライツをまもる ——

第1章

性暴力救援センターにおける性暴力 被害者の総合的・包括的支援

1 はじめに──性暴力救援センターの役割

1 支援の対象と組織化

　内閣府男女共同参画局発表によると,「行政が関与する性犯罪・性暴力被害者のためのワンストップ支援センター」は 2018 年 10 月の時点で全都道府県に設置されました。2020 年までに全国の都道府県に少なくとも 1 か所つくるという男女局の目標は達成されました。性暴力救援センター全国連絡会に登録している団体も,2018 年 10 月 2 日現在,39 都道府県 43 団体(内閣府発表の団体とは若干団体が異なります)に上っています。但しこれらのセンターがすべて,性暴力被害者が求める救援センターとしての機能を有しているかどうかは疑問です。「まずは設置しなければ!」とそれぞれの地での取り組みが実を結んで開設・運営されていますが,今後は支援の質や実績が問われることになります。性暴力被害者の総合的・包括的支援シリーズ 3 は,「支援」に焦点をあてます。執筆者はすべて,設立当初より SACHICO の活動を担っている人たちです。

　まずは,全国にワンストップセンターが設置されるきっかけとなった「手引」作成を振り返ります。2012 年(平成 24 年)3 月内閣府(犯罪被害者等施策推進室)は,「性犯罪・性暴力被害者のためのワンストップ支援センター開設・運営の手引」(以下「手引」と略します)を作成しました。この「手引」は,犯罪被害者団体及び犯罪被害者支援団体からの要望を受け,第 2 次犯罪被害者基本計画に性犯罪被害者のためのワンストップ支援センターの設置促進の施策が盛り込まれたため,その開設・運営の手引を作成し,民間団体,医療機関,地方公共団体に配布するというものでした。「手引」作成委員会は,内閣府,警察庁,厚労省,法務省,文科省と,有識者,性犯罪被害当事者,弁護士,被害者支援団体代表と,SARC 東京代表と SACHICO 代表の加藤で構成され,「手引」は合計 5 回の委員会開催の後作成されました。

第1章　性暴力救援センターにおける性暴力被害者の総合的・包括的支援

　手引作成委員会の議論の中で，加藤は「手引の表題が『性犯罪被害者のためのワンストップ支援センター』となっているのは適切ではない。そうすると警察で性犯罪として扱われた被害者のみが支援の対象と思われる可能性があるので，支援対象を広くうけとめることができるように表題を『性暴力被害者のための』とすべきと主張しました。これに対し，「性暴力」については必ずしも公的に定まった定義的なものがあるわけではない，設置促進のためには，ある程度主な支援の対象となる被害者の範囲を明確にする必要もある，などという反論があり，結局折衷案として『性犯罪・性暴力被害者のための』という表題になりました。（この内容は，「手引」7頁に記載されています）

② 性暴力と性犯罪

　「何故もっと主張しなかったのか」と，その後加藤はずっと悔やんでいます。内閣府の文書として残されるというその機会に，「性暴力」を委員会として定義して，すなわち，「同意のない」「対等でない」「強要された」性的行為はすべて性暴力であると定義して，表題を「性暴力被害者のためのワンストップ支援センター開設・運営の手引」とするようにもっと主張すべきだったと悔やんでいます。「性犯罪」は「刑法上の強姦，強制わいせつ等の犯罪（刑法改正前）」で，当然性暴力の中に含まれます。性暴力の一部が性犯罪であり，ワンストップ支援センターはもちろん性犯罪被害者も支援します。但し性犯罪の被害者は，「犯罪被害者等基本法」によって，支援・保護されてはいます。「性犯罪・性暴力」とすると，「性犯罪や性暴力」，つまり性犯罪と性暴力は別のものとも受け取れます。書くとすれば「性暴力（性犯罪を含む）被害者のためのワンストップ支援センター開設・運営の手引」ではなかったでしょうか？　とはいえ，「性暴力」が国の文書で恐らく初めて使用され，被害者支援の対象とされたことは画期的でありました。

　大多数の性暴力被害者は，①警察への被害申告をしないか，或いは躊躇していたり，②刑法で処罰され得ないが，同意のない性的行為を受けていたり，③性的虐待，性的搾取など子どもが性的人権を侵害されていたり，いずれも

医療的福祉的なそして法的支援も必要な被害者です。「手引」のワンストッ
プ支援センターの目的の項において（7ページ），「性暴力被害者の心身の負
担を軽減し，その健康の回復を図るとともに，警察への届出の促進・被害の
潜在化防止を目的とするものである」とあるように，被害からの回復を支援
するためのワンストップ支援センターであることは明記されていますが，性
暴力は女性の性に対する自己決定権を侵害する行為であること，性暴力被害
からの回復のためには，女性の性と生殖に関する健康と権利をとりもどす事
が必要であり，そのためのワンストップ支援センターであることを，「手引」
に明記することができていれば，全国各地に設置されてきているワンストッ
プセンターにおける支援対象の混乱は生じなかったのではと悔やまれます。

③ 医師と支援員による包括的支援

　しかし，上記のことは，SACHICO に多くの被害当事者を迎え入れ，求め
られる支援を考える中で，私たち自身が学んできたことです。支援の多くは，
医療的支援から始まりますが，刑事告発であったり，裁判支援であったり，
謝罪の要求であったり，カウンセリングであったり，学校への要望や調整で
あったり，家族関係の調整であったり，公的機関との連携であったり，経済
的支援であったり，生活支援であったり……すなわち総合的包括的な支援
が求められ続けます。それは，1人の支援員でできることではありませんし，
その内容が最初から決まっているわけでもありません。センターには支援員
が常駐し，産婦人科医師が 24 時間対応しています。性への侵襲である性暴
力被害からの回復のためには，「性を診る医師である産婦人科医師」は支援
員と共に欠くことができません。この支援員と医師がチームを組み，チーム
として関り続ける中で，当事者の回復具合や心理状態を見ながら必要な支援
と情報を提供し，当事者が選択・決定できるようにする，それが「性暴力被
害者のためのワンストップ支援センター」すなわち「性暴力救援センター」
の役割と考えられます。

第1章　性暴力救援センターにおける性暴力被害者の総合的・包括的支援

4 リプロダクティブ・ライツをまもる ──────

(1) リプロダクティブ・ヘルス／ライツとは

　リプロダクティブ・ヘルス／ライツは，日本語では「性と生殖に関する健康と権利」と訳されています。日本語訳からすると，むしろ「セクシュアルリプロダクティブ・ヘルス／ライツ」が本来の言葉であると考えられます。この概念は，1994 年にカイロで開催された国連主催の国際人口・開発会議で提唱され，翌年北京で開催された第 4 回世界女性会議で定義確立されたものです。

　その内容は，次のように確認されています。（外務省訳）

◎　リプロダクティブ・ヘルスとは，人間の生殖システム，その機能と（活動）過程すべての側面において，単に疾病，障害がないというばかりでなく，身体的，精神的，社会的に完全に良好な状態にあることを指す。

◎　リプロダクティブ・ライツは，すべてのカップルと個人が自分たちの子どもの数，出産間隔，ならびに出産する時を責任を持って自由に決定でき，そのための情報と手段を得ることができるという基本的権利，ならびに最高水準の性に関する健康およびリプロダクティブ・ヘルスを得る権利をみとめることにより成立している。

◎　その権利には，人権に関する文書にうたわれているように，差別，強制，暴力を受けることなく，生殖に関する決定を行える権利も含まれる。

◎　女性の人権には，強制，差別及び暴力のない性に関する健康及びリプロダクティブ・ヘルスを含む，自らのセクシュアリティに関する事柄を管理し，それらについて自由かつ責任ある決定を行う権利が含まれている。

（性暴力被害者の総合的・包括的支援シリーズ 1　性暴力被害者の法的支援 7 頁）

8

1　はじめに

　上記4点目の,「女性の人権には, 強制, 差別, 及び暴力のない性に関する健康及びリプロダクティブ・ヘルスを含む, 自らのセクシュアリティに関する事柄を管理し, それらについて自由かつ責任ある決定を行う権利が含まれている」という文言はつまり, 女性自身が自らの性について自由かつ責任ある決定を行う権利があるということで, これこそがセクシュアル リプロダクティブ・ライツであり, その権利侵害が性暴力であるということになります。

　この北京会議の決定を受けて, 日本では, 1999年に男女共同参画基本法が制定施行され, 2000年以降5年毎に男女共同参画基本計画が出され, 日本の女性施策の基本となっていますが, 残念ながらリプロダクティブ・ヘルス／ライツの文言も考え方も, いまだに日本の社会に浸透しているとはいえません。むしろ, リプロダクティブ・ヘルス／ライツという言葉を知らない若い世代が多くなっているのではないかと危惧されます。というのも, 2015年12月に出された「第4次男女共同参画基本計画」において,「リプロダクティブ・ヘルス／ライツ」という文言は, 施策の基本的方向と具体的な取組み, Ⅱ 安全・安心な暮らしの実現の第6分野「**生涯を通じた女性の健康支援**」の項にしか出てきていません。

　しかも内容は,「女性は妊娠・出産や女性特有の 更年期疾患を経験する可能性があるなど, 生涯を通じて男女が異なる健康上の問題に直面することに留意する必要があり,「リプロダクティブ・ヘルス／ライツ」(性と生殖に関する健康と権利) の視点が殊に重要である。」というように, 生殖に関する健康と権利に縮小矮小化されているように思えます。

　そして, Ⅱ 安全・安心な暮らしの実現の第7分野「**女性に対するあらゆる暴力の根絶**」(11頁参照) の項においては,「リプロダクティブ・ヘルス／ライツ」の文言は全く見られません。

　そこには,

①　配偶者からの暴力

②　ストーカー事案への対策

③　性犯罪への対策

9

第1章　性暴力救援センターにおける性暴力被害者の総合的・包括的支援

④　子どもに対する性的な暴力への対策

⑤　売買春への対策

⑥　人身取引対策

⑦　セクハラ防止対策

⑧　メディアにおける性・暴力表現への対応

が，列挙されています。これらはすべて，女性が自らの性について自由かつ責任ある決定を行う権利を侵害するもの，すなわち性暴力であり，セクシュアル リプロダクティブ・ヘルス／ライツの侵害なのです。

　①から⑧までの暴力は，表面的には異なるもののように見えても，「女性の性に対する権利侵害」であるという点で，同質のものであるといえます。よって，これらはすべて，性暴力救援センターに支援を求められるものと考える必要があります。実際，SACHICO には，①から⑧まで（⑥は今のところ経験がないですが）の事案の被害当事者が相談に来られています。

　「性暴力はセクシュアルリプロダクティブ・ライツの侵害である」という基本的な視点があれば，それぞれにどのような支援を提供できるのか，おのずと答えは出てくるように思います。(参考 注)

───────────────────────────────

注) 第4次男女共同参画基本計画（平成 27 年 12 月 25 日　閣議決定）
　　男女共同参画社会基本法に基づき，施策の総合的かつ計画的推進を図るため，平成 37 年度末までの「基本的な考え方」並びに平成 32 年度末までを見通した「施策の基本的方向」及び「具体的な取組」を定めたもの。

　Ⅱ 安全・安心な暮らしの実現

◆第6分野 生涯を通じた女性の健康支援

　＜基本的考え方＞

　男女が互いの身体的性差を十分に理解し合い，人権を尊重しつつ，相手に対する思いやりを持って生きていくことは，男女共同参画社会の形成に当たっての前提と言える。心身及びその健康について正確な知識・情報を入手することは，主体的に行動し，健康を享受できるようにしていくために必要

である。特に，女性は妊娠・出産や女性特有の更年期疾患を経験する可能性
があるなど，生涯を通じて男女が異なる健康上の問題に直面することに留意
する必要があり，「リプロダクティブ・ヘルス／ライツ」（性と生殖に関する
健康と権利）の視点が殊に重要である。さらに，近年は，女性の就業等の増
加，晩婚化等婚姻をめぐる変化，平均寿命の伸長等に伴う女性の健康に関わ
る問題の変化に応じた対策が必要となっている。また，生涯にわたる女性の
健康づくりを支援するため，医療従事者等のワーク・ライフ・バランスの確
保，就業継続・再就業支援などを進めるとともに，医療機関や関係団体の組
織の多様化を図り，政策・方針決定過程への女性の参画拡大を働きかける。
加えて，スポーツ分野においては，生涯を見通した健康な体づくりを推進す
るため，男性に比べ女性の運動習慣者の割合が低いことに鑑み，女性のスポー
ツ参加を推進するなどの環境整備を行う。これらの観点から，男女が互いの
性差に応じた健康について理解を深めつつ，男女の健康を生涯にわたり包括
的に支援するための取組や，男女の性差に応じた健康を支援するための取組
を総合的に推進する。

◆第7分野 女性に対するあらゆる暴力の根絶

＜基本的考え方＞

　女性に対する暴力は，犯罪となる行為をも含む重大な人権侵害である。そ
の予防と被害からの回復のための取組を推進し，暴力の根絶を図ることは，
男女共同参画社会を形成していく上で克服すべき重要な課題であり，国とし
ての責務である。配偶者等からの暴力，ストーカー行為等の被害は引き続き
深刻な社会問題となっており，こうした状況に的確に対応する必要がある。
また，近年，ソーシャル・ネットワーキング・サービス（以下「SNS」とい
う。）など，インターネット上の新たなコミュニケーションツールの広がり
に伴い，これを利用した交際相手からの暴力，性犯罪，売買春，人身取引等
暴力は一層多様化しており，そうした新たな形の暴力に対して迅速かつ的確
に対応していく必要がある。また，被害者が子供，高齢者，障害者，外国人
等である場合は，その背景事情に十分に配慮し，これらの被害者の支援に当
たっては暴力の形態や被害者の属性等に応じてきめ細かく対応する視点が不
可欠であるとともに，とりわけ，配偶者からの暴力においては，被害者のみ
ならずその子供にも悪影響を与えることを考慮する必要がある。こうした状
況を踏まえ，女性に対する暴力を根絶するため，暴力を生まないための予防

第1章　性暴力救援センターにおける性暴力被害者の総合的・包括的支援

教育を始めとした暴力を容認しない社会環境の整備等，暴力の根絶のための基盤づくりの強化を図るとともに，配偶者からの暴力の防止及び被害者の保護等に関する法律（平成13年法律第31号。以下「配偶者暴力防止法」という。）を始めとする関係法令の近年の改正内容等の周知徹底及び厳正な執行に努め，配偶者等からの暴力，性犯罪，ストーカー行為等の形態に応じた幅広い取組を総合的に推進する。

⑵　性暴力救援センター・大阪SACHICOにおける支援のあり方

SACHICOには，あらゆる種類の性暴力被害の相談が寄せられます。初回の電話も，本人から，家族から，パートナーから，友人知人から，警察から，児童相談所から，学校から，役所からなど様々です。警察や児童相談所などからの場合は，すでに担当者が被害内容を把握してからの受診の依頼なので，「受診することの同意」を得てもらっていることを確認する以外は，簡単に概要を聞き，本人とは話をせずに受診につなげます。他の場合は，「本人の気持ち，本人の安全」を念頭におきながら，極力本人と直接話をしたうえで，支援員が必要と判断すれば来所につなげます。

被害に遭った時期も，過去の被害であったり，過去から現在もなお続いている被害であったり，つい最近の被害であったり，様々です。SACHICO開設当初は，一応「被害から1週間以内の急性期を目途に」始めましたが，多くの当事者に接する中で，どの時期の被害であっても，当事者が相談したいと思った時が最適の相談時期であることがわかってきました。

SACHICOは『来所につなげる』ことを大切にしています。電話相談だけで済む場合もありますが，支援をしようとすれば，面談をしてその人とともに被害に向き合い，考えることがとても重要だと考えているからです。同時に「身体の安心」を得るための診察も必要と考えています。過去の被害であっても，「身体の安心」を得ていない場合，産婦人科的診療を受けていない場合も多いですので，「女性の性を診る」産婦人科医師の診療（問診だけの場合もありますが）を受けることを基本にし，支援員からその説明をし，

提案します。また，子どもの被害の多くはわいせつ行為です。大人（親や警官）は「触られただけだから」「診察はかわいそうだから」と来所をさせようとはなかなかしないですが，支援員は来所を勧めます。「あなたのからだは大丈夫」ということを医師から直接伝えることは，子どもにとって，「変な触り方をされて，自分の性器は変になった」という思いを払拭する意味で，重要です。たとえレイプ被害があったとしても，必要な検査と治療をしたのち「性器は正常である」ことを伝えてボディイメージの回復を図ります。

「性への侵襲」は「心とからだへの侵襲」です。「あなたは悪くない」を伝えると同時に「あなたのからだも悪くない」ことを伝え心とからだの回復を図り，自尊感情を高めることが，性暴力被害者支援の場には必要です。

（加藤　治子）

(3)　性暴力救援センター・大阪 SACHICO における支援員とは

①　SACHICO では，まず電話を受けるのは支援員です

被害を受けた方，あるいはその周りの方からの，悩み，ためらい，その上で勇気を振り絞ってかけたその電話。その後どうなるかは電話を受けた支援員の対応にかかっていると言っても過言ではないでしょう。淡々と，必要なことを聞き取り，よくかけてくれたと心からねぎらう，その支援員としての専門性は医師や看護スタッフのそれとは異なるものです。

支援員に医師や看護師がなって悪い，ということではありません。ただ，支援員になるのであれば，自身の医師や看護師などという肩書きは捨てる必要があります。医療の面において深い知見をもっている支援員，というスタンスが必要です。医師や看護師という肩書きを意識すると，「患者対医療者」という構図が被害者との間にできあがることでしょう。

患者対医療者，といっても圧倒的な知識・情報の差のもとに，患者が医療者のいうことをきくしかない，という一昔前の関係とは違うでしょう。この情報社会において，知識・情報量は場合によっては患者のほうが多くを持っていることがあります。それでも「患者」となったとき，医療者をパートナーとするしかなく，かつ多くの部分を「任せる」しかない，という関係性

第1章　性暴力救援センターにおける性暴力被害者の総合的・包括的支援

ができてしまいます。医療者はこの関係性に無自覚であってはいけません。

② 医師と支援員の協働

　この関係を被害者対支援員において構築してしまう危険性を，医療者が支援員となった時，常に意識する必要があります。いいかえれば，被害当事者は支援員をパートナーにするもしないも自身に選択権があり，決して「お任せ」にするものではないということです。

　これは支援員と医療者との関係においてもいえることです。SACHICO は病院拠点型の救援センターなので，医師と支援員はいつも共同で支援にあたります。SACHICO においても支援員は，便宜上「先生」と言っておけば名前を覚えてなくても通じるし，「先生」と声をかければふりかえってくれるので医師を「先生」と呼びます。が，支援員と医師とは全く対等の立場にあるので本来ならお互い「さん」付けで呼びあうものでしょう。ここで便宜上ではなく精神的にも医師を「先生」と思っているようであれば支援員と医師の関係性は上下関係に陥ります。被害者の代弁者であるべき支援員が医師の代弁者になる。そういう逆転現象もおきかねません。

③ 当事者の気持ちを受けとめる

　支援員の役割はあくまで当事者の側に立ち，その心情を医師に伝えることだと思います。電話をとり，来所を促し，来所したときにその扉を開けて初めて対面するのは支援員です。どれほど緊張しているか，傷ついているか，当事者の所作，表情等からくみ取り，そして寄り添う。これは，あとから呼ばれて「問診」をとり，「診察」する医師，あるいは「診察介助」をする看護師では感じ取れない空気感とでもいうべきものかと思います。診察の場面においても支援員がプライバシーを侵害しない距離を保ちつつ立ち合い，診察後の被害者との最終面談に活かします。

　電話によるファーストコンタクトから，扉をあけて初めて対面し，概要を聞き，医師にその内容を伝え，診察に立ち合い，診察後の最終面談で被害者が表す感情を受け止める。この一連の対応ができるのは支援員をおいてほかにありません。特に医師の診察後の支援員との最終面談で，被害者の気持ち

14

を聞くということは大事です。そこで被害者が気持ちを表明しなかったとしても，聞く態勢がありますよ，というメッセージを被害者に渡すことができると思います。それがあることで被害当事者がまたここにつながろう，という気持ちを持つことになると思います。

　支援員のいない性暴力救援センターは，通常の産婦人科外来となにも変わらないどころか，やっとの思いでつながった被害者に，孤独感，自分が来るべき場所ではなかったのでは，という阻害感を持たせる場所になるのではないかと危惧します。

　支援員と医療スタッフの関係においても，支援員がいるからこそ，性暴力救援センターに携わる医療スタッフは疲弊せず，すべてを背負い込む重荷を感じず，持続可能なのだと思います。性暴力救援センターのチームの一員としての医師の立場からすると，支援員がそこにいてくれることは本当に心強いことだと思っています。

（楠本　裕紀）

第1章　性暴力救援センターにおける性暴力被害者の総合的・包括的支援

コラム　医療スタッフと支援員

　性暴力救援センター・大阪 SACHICO では，支援員が 24 時間ホットラインの対応をしています。被害にあい，電話をかけて話をするというのはとてもエネルギーのいることで，何から話せばいいのか分からないことも当然としてあります。

　支援員は，本人が話せることから，ゆっくりとその人のペースに合わせて聴いていきます。

　そして，SACHICO で何が出来るのかを伝え，来所して頂きます。SACHICO へ行こうと思えるかどうかは支援員との会話で決まるので，しっかりトレーニングを受けた支援員が対応しています。

　来所後，まず当事者に会うのも医療スタッフではなく支援員です。

　SACHICO がどういう所か，何が出来るのかをもう一度伝え，電話で確認できていなかったことを聴き取り，診察を受けることの同意を得ます。

　話を聴いているなかで，本人の思い込み（性暴力神話）などあれば，それはこういうふうにも考えられるということを説明していき，被害にあったあなたは決して悪くないということを伝えます。

　本人の気持ちを聞きながら，警察への通報や弁護士紹介，カウンセリング等の支援プログラムを提示し，一緒に考え，自己決定をサポートしていきます。

　内診や性感染症の検査など，医療行為の補助が必要な際は，看護師が介助に入ります。

　看護師，助産師の教育の現場でも，性暴力被害が女性の健康問題と認識され，授業や研修等で学ぶ機会が出来てきています。二次被害を与えずケアを提供するためにも，医療スタッフが正しい対応方法について知る機会を持つのは，とても大切なことだと思います。また，ジェンダーバイアスや女性の性が，社会の中でどう扱われているかなどは，自分が知りたいと思わないと入ってこない情報です。わたし自身，看護の現場にいながらも 10 年前まで考える機会がありませんでした。勉強していくなかで，自分

16

〈コラム〉医療スタッフと支援員

は性をどうとらえ，どう思っているのか，なぜそう思っているのかを見つめることができました。

そして，性暴力被害はわたしたちの身近にある問題です。

被害者にとって，良いケアというのは決して特別なものではなく，医療者でなければできないものではありません。医療者は時に指導的，指示的に対応してしまいがちです。一般的に医療現場の医療者と患者さんとの力関係の差は，まだまだ存在しており，それは支援の場では二次被害をもたらすことになります。

支援員はサポーターとして，その人がどうしたいのかを確認しながら寄り添い，急性期から，警察や弁護士との面会への同行，裁判支援など中長期にわたる支援も行います。

支援においては当事者がここは安全で，この人なら安心して話せるという空間や関係性が重要です。ワンストップセンターにおいては，医療スタッフ以上に，当事者の視点で同じ方向を見てサポートできる支援員の存在が必要不可欠だと現場で活動しながら強く感じています。

(生魚　かおり)

2 性暴力被害者支援の様々な場面と支援者・支援員

I 相談支援の流れと様々な相談者と支援者

　性暴力被害にあった人とその人に何らかの支援を提供しようとする人との接点は様々です。性暴力救援センターという具体的な活動の場を考えても，様々な場面が想定されます。まず相談・支援の最初の接点に誰が，いつ，どういう形で，何と言って現れるか，またそこから始まる支援の流れにもいろいろな形があります。最初に話されたこと，求められたことが次の場面で違ったものになったり，より深刻な事態や，より緊急な支援ニーズが明らかになったりすることもあります。適切な対応や支援の場所が見つかり，切迫していた危険が遠ざけられることもあります。そうした相談・支援の流れのすべての場合を簡単に示すことは難しいですが，概ね初期相談ではどういう流れが考えられるか，概要を示すと図1のようになります。

図1　性暴力支援センターとしての初期相談支援の流れ
　　　　ワンストップセンター

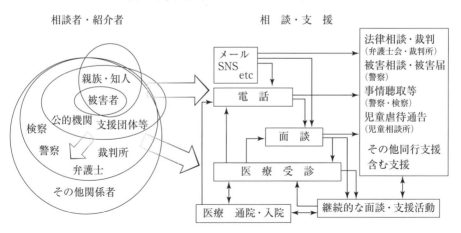

第1章　性暴力救援センターにおける性暴力被害者の総合的・包括的支援

　図1の左側にある様々な相談者や紹介者が，右側の相談の枠組みに接触してきます。支援員はこの右側の様々な場面で相談・支援の活動を担当しています。それぞれの場面には共通する事柄と，特定の場面において重要な事柄とがあります。以下に相談支援の流れに応じて場面ごとの留意点を挙げます。

1 　最初の接触

　性暴力救援センターの相談支援活動で支援員が担当する最初の接点は，相談者とみられる人物からのメール受信や電話受電です。最初の接触で大切なことは，何か被害に遭っているかもしれない人（その人が直接の連絡者ではない場合もあります）の安全についての状況確認と，当面の関係開始です。

　支援機関側の相談体制は様々です。例えば，最初のメール受信や電話対応をずっと専門に担当する人が配置されている場合とそうでない場合，最初の対応から連続して，あるいはどこかの時点から，相談ケースごとに特定の担当者が継続して担当するように支援員やソーシャルワーカーが配置されている場合，ケースごとに決まった担当者を置かず，そのつど，交替で複数の支援員がひとつのケース対応を担当する場合など，また，メールの相談窓口が設定されている場合と電話だけの設定の場合，さらに，ワンストップセンターが病院拠点型でその場で医療受診につなぐ体制にある場合とそうでない場合等々で，対応状況はそれぞれ異なってきます。まれには直接の来所相談という場合もあるかもしれません。いずれにしても，初期の接触からの相談・支援の流れは，概ね先の図1のどこかに該当すると思われます。おそらく最初の接点の中心は電話によるものでしょう。この最初の電話をかけてくる人は様々です。

　最初の電話による接触場面から，支援員がどう対応するかは，それぞれの組織・現場ごとに標準的な対応手順を設定していると考えられますが，基本的に共通する留意事項は以下の通りです。これについては本シリーズ：性暴力被害者の総合的・包括的支援シリーズの 1 『性暴力被害者の法的支援──性的自己決定権・性的人格権の確立に向けて──』，2 『性暴力被害者の医療的支援──リプロダクティブ・ヘルス＆ライツの回復に向けて──』』も併せ

20

2　性暴力被害者支援の様々な場面と支援者・支援員

てぜひ参照してください。

①　被害者の安全と健康を守るための効果的な支援を開始する

　当たり前ですが，これが基本です。被害者とその関係者の生命・身体の健康と安全，心理・情緒面，精神面の安全を守るための支援を開始します。身体の健康には被害者が女性の場合，リプロダクティブ・ヘルスの保証が軸になります。産科・婦人科による医療ケア・サービスは基本要件で，場合によっては時間的制限のある緊急の受診が含まれます。詳しくは「性暴力被害者の総合的・包括的支援シリーズ　2『性暴力被害者の医療的支援』」を参照して下さい。

　被害者が男性の場合も，被害者の安全と健康を守る要件があります。男性の被害者の場合，健康のための医療には肛門科・泌尿器科の医療ケア・サービスと性感染症のチェックと治療ケアが必要となります。これらについては，まだ未整理な部分がありますが，男性に対しても，広義のリプロダクティブ・ヘルスの保証に準じたケアの考え方が原則になると考えてください。

最初の相談接触場面から始まる支援員の対応では，②以下の留意点が挙げられます。

②　相手がどこにかけているか　相談対応機関の確認（「はい〇〇センターです」等）

　いきなり相手が話し出した場合，相手が切迫していて余裕が無いなどの場合があります。まず話の区切りをみて，最初に，こちらが何という機関であるか，相手が電話をかけたい場所に正しくつながっているか確認してもらうためにも電話を受けた場所・機関名を確実に相手に告げることが必要です。

③　必要なら簡単なオリエンテーションを行う

　初めて電話をかけた人は，何をどう話せばいいか混乱してしまうことがあります。例えば個人情報の取り扱いについても，いざ，電話をかけてみ

第1章　性暴力救援センターにおける性暴力被害者の総合的・包括的支援

たものの，何から話したらよいか，どこまで話してよいか迷ってしまうことがあります。

そうした様子がうかがわれた場合はもとより，最初の接触では，当の機関が対応・提供しようとしている相談サービスの概略や方針，相談情報の取り扱いと守秘義務の概要，最初に聴かせてほしいことなどを簡単に案内して，相手が安心して話せるようにしましょう。

④　電話をかけてきた人がどういう立場の人かを確認する

最初の相談電話はしばしば匿名であったり，非通知のままの電話であったりします。相談内容の社会的な信ぴょう性や，その後の適切な対応のためにも，誰が，どこから連絡してきているか確認できることは大切ですが，被害にあった人やその関係者は，見知らぬ他人にデリケートな個人情報をさらすことに不安を感じたり，警戒してしまう場合があることも，また当然なことです。まずは話せる範囲で今，電話をかけてきた人がどういう立場の人で，どういう経過で電話をかけてきたのか，何を伝えたくて電話をかけてきたのか，話してもらうことが大切です。もちろん，話の経過によって，電話が終わるころにはもう少し具体的な情報を話してもらえるようになるかもしれません。

⑤　関係者の安全の確認と安全確保

電話をかけてきた人のことはもちろん，被害にあった人や関係者が今，どの程度，安全なのか，その人の安全のために必要なこと，できることは何か，すぐにしなければならないことがあるかどうか確認することは重要です。助けを求めて相談の電話をかけてきたのだから，当然，安全についてはそれなりにわかっているはず，と勝手に思い込んでしまわないよう，注意が必要です。

この場合の安全はまず，生命・身体の安全です。どんな場所にいるのか，そこはどのくらい安全な場所か，また，性暴力被害以外にも怪我をしていたり，気分がすぐれず，体の調子が悪かったり，持病やハンディキャップを抱えている人もいます。怪我はないか，どこか体に具合が悪いところは

22

ないか，安全のための行動に支障をきたすことはないか，助けが必要か，などについて具体的な情報を確認することが大切です。

　場合によっては当事者に110番をかけさせるとか，こちらが警察や消防に緊急連絡をすることも含め，当事者・関係者の安全を確保することは初動の対応では優先的なことになります。

　そこまで事態がひっ迫していないとしても，被害者が孤立無援状態に置かれていないか，安全でかつ，必要な連絡を取ることができる場所にいるか，誰か信頼できる支援者が近くにいるか，そばについて被害者の安全をサポートできる人がいないか，などを確認することは重要です。

　次に情報の秘密や，関係の安全です。今後，継続的に連絡を取ったり，必要な時に緊急に支援を求める手段や方法がありそうか，分かる範囲での情報を確認します。

　来所や接触を図るなら，移動手段や移動中の安全，接触場所の安全，途中でのトラブルや予定外の事態が生じた際の対処方法や連絡方法も確認しておくことが必要な場合もあるでしょう。

　次に健康上の安全と司法上の手続きに関係する確認が考えられます。被害内容と経過によっては証拠採取の可能性や緊急避妊薬の投与，人工妊娠中絶の期限があります。どういうことが想定されるか，情報提供し，当事者が納得して判断できるようにするためのコンサルテーションが必要になります。

⑥　相談者のペースを尊重し，ありのままを受け入れる

　支援者が電話をかけてきた相談者に，相談の手順を案内したり，相手のいる場所や安全について確認することは，場合によって，とても重要なことですが，何をどう話し，どんな風に話を進めていくか，具体的な会話の進め方については相談者の話すペースを尊重することが重要です。相手の話を何度もさえぎって，箇条書きの質問項目を読み上げるように，こちらの知りたいことを一方的に質問したり，確認したりすべきではありません。受動的で混乱している相談者の中には，相手に話を聞いてもらえなくなる

第1章　性暴力救援センターにおける性暴力被害者の総合的・包括的支援

ことを恐れたり，内容がよく理解出来ていないまま，一方的で的外れな質問にも Yes or No で答えてしまい，相談の大切な要点がとんでしまったり，ズレてしまったりするようなことも起こり得るので注意が必要です。

⑦　相手の話すことをまず信じ，一緒に考える

　性暴力被害者はしばしば強いショックを受けて混乱しています。それは被害直後だけでなく，過去の記憶を思い出した時点でも，それだけで相当に精神的に混乱してしまうことが起こります。話しぶりがしどろもどろで何が言いたいかよく分からなかったり，逆に妙に落ち着いて淡々としているように聞こえたり，他人事のような話しぶりだったり，変なところで冗談でも言ったように笑ったり，違和感のある話しぶりが見られることもあります。落ち着いているように聞こえても，頭の中は大混乱だったりもします。時間的な前後関係や，場所の特定，さらには出来事の具体的な順序も混乱・錯綜していて，何を手掛かりに理解したらよいのか，一生懸命に聴いていても，話の内容がつかみづらく，こちらが混乱させられてしまうような場合もあります。話している本人自身が，途中から確証を持てないと言い出したり，それを聴いている人も，にわかに事実関係が判然としなくなったりするような場合もあります。

　支援員として話を聴くとき，相手の話の筋が通らなかったり，前後関係が混乱していてストーリーが読めなかったりすることは，しばしば起こることです。そうした場合，常識的な日常会話の感覚に照らして，そもそもの話の事実性を疑ったり，本当のことを話していないと感じたりするかもしれません。

　確かにすべての話が事実を正確に表しているとは言えないこともあります。主観的な観点から話される事実関係には個人的なバイアスがかかっていて，思い違いや誇張が混じることもあるかもしれません。しかし，誰かに支援を求めて相談窓口に接触してきた人の話を聴く際にはまず，全てを事実と信じて聴くことが基本になります。最初，支離滅裂なように聞こえた話も，その後，事実関係の照合を重ねていくと，断片的な事実の正確な

羅列であったというような事例もあります。

支援員は相談者が，嘘をついているのではないか？　とか，それは本当にあったことなのか？　と，常識的に考えると，こちらが疑ってしまうような話をした場合にも，まず，できるだけ正確にありのままの相手の言葉を聴き取り，記録すること，その上で，丁寧に相手に説明を求めることを原則にする必要があります。これは特に相手の年齢が低い場合や，精神的に深いダメージを負っているような場合，言葉の表現力に問題がある場合，事態が切迫していて危険にさらされている場合などに大切な留意点となります。

⑧　勝手な想像・推測をしてしまわない

最初の接触では特にお互いのコミュニケーションが「初めて」のやり取りであることを慎重に考えておくことが大切です。相手の話の中に省略やほのめかし があると感じた時，私たちは何気なく，自分の主観で，その「話のすき間」を埋めつつ，相手の話を筋の通ったストーリーに仕立ててしまう癖があります。ことに深刻でつらい被害事実や性的な出来事については当事者も直接的な表現を避けて暗示的に話そうとする場合があります。そうした ためらい や恥じらい，事実を直接的に話すことについての苦痛を察した上で，直接的な表現を避けながら会話が進み始めたら，支援員は，相手の表現に慎重な注意を配る必要が生じます。特にその後の会話で相談者の話した言葉を相談員が言い換えたり，微妙でデリケートと感じた部分を省いて話を進めると，結果的に大きな誤解，誤った情報を作り出してしまう危険性があります。

省略やほのめかしを感じたら，その言葉を慎重に記録し，前後の表現を勝手に変えないで話を続ける必要があります。推測によってある事柄を解釈する必要を感じたら，できるだけ会話がどんどん進んでしまわないうちに，例えば，「私が誤解してはいけないのでお尋ねしますが，さっき◎◎と話されたのは例えばどういうことでしょうか？　戻ってお話したくなければそのままにしますが，よかったら教えていただけますでしょうか」な

第1章　性暴力救援センターにおける性暴力被害者の総合的・包括的支援

どと丁寧に尋ねておくことも大切です。もちろん支援員の側にも ためらい や 苦痛 が生じてお互いに避けてしまう危険性も含まれます。そうしたいきさつが生じやすいこと気づいて，踏み込めなかった事柄を正確に記録しておくことも大切です。

⑨　支援者の倫理観・価値観と異なる見解に対して反論したり，説教しようとしたりしない

　性暴力被害者や支配的な暴力の被害者はしばしば，洗脳的な支配＝依存関係を受け入れさせられて生きてきており，被害相談の電話をかけてきている時点でも，まだまだその影響下にある考え方や価値観を持っている場合が多いと考えておく必要があります。

　支援者はそうした不当な支配に対する依存性や受動性を何度も見てきている場合，ついつい，自身の経験的信条や価値観に基づいて相談者を「気付かせよう」「励まそう」「エンパワーしよう」として，相談者の話すこと，見解に対して反論したり，説得してしまうことがあります。

　当事者のペースに合わない説教や説得は，受動的な相談者の心の中に第二の支配関係を作ってしまうことになり，結果的に相談者の主体性を育てる力にならないだけでなく，相談者の心の中に以前からの支配関係に介入する新しい支配関係との勢力争いや葛藤を起こさせ，精神的苦痛を増悪する危険性が高く，それが原因となって相談・支援関係からの離脱・逃避反応を生じさせることもあるので注意が必要です。

　例えば，カルト教団からの離脱支援などでは，被害者に埋め込まれた支配的な信念について，疑義を生じさせる働きかけや説得が行われるようですが，それは特殊な技術に属しており，また当事者の主体性や安全について，特別な支援の手続き／判断を経たうえでのことで，通常の支援場面で支援者が自らの思想・信条に基づき，相談に来た人を一方的に説得したり，教化しようとすべきではありません。それでは，支援の本質的な目的である，相談者自身が健康で主体的な自分自身の充実した生き方を見つけること，を妨げ，被害者がそれまでの搾取される関係の中で引き受けさせられ

2 性暴力被害者支援の様々な場面と支援者・支援員

てきた，支配＝依存の関係を，ただ，別の支配＝依存関係と入れ替えよう
とするだけになってしまう危険性が高いのです。

　例外的に，積極的な介入が支持される場合があるとすれば，当人や関
係する誰かの生命・安全に緊急の危険が切迫していると判断される場合や，
当人が衝動的に自傷行為や自己破壊的な行為に走ろうとするのを緊急的に
止めようとする場合です。ただ，よく考えれば，こうした場面ではなおの
こと，支援者は直接的な衝突や対立を避け，慎重なアプローチをとるはず
で，いきなり反論したり説得したりする対応にはならないでしょう。

⑩　被害者を非難しない

　おそらく深刻な被害を受けていると思われるのに，被害者自身はそれ
を大した被害とは思っておらず，自分の安全についても無防備・無頓着で，
法的対応や加害者を追及するようなことは全く考えていないようにみえる
被害者，自分の被害事実になかなか向き合えず，被害の開示や被害関係
からの離脱，その後の医療処置や証拠採取のための行動をためらい，渋り，
結果的に重要な期限を時間切れにやり過ごしてしまうこともあります。

　支援員の立場からみれば，どうしてすぐに必要な行動をしないのか，苛
立たしい限りかもしれませんが，それを責める言葉は被害者をかえって追
い詰め，傷つけ，立ち往生させてしまいます。⑥であげたように「相談者
のペースを尊重し，ありのままを受け入れる」基本が大切です。そのうえ
でできる限り，相談者が動き出せるように支援する働きかけが必要です。

　また，被害者はその置かれてきた立場や関係性の中で，様々な歪められ
た認知や思い込み，自責の念，罪悪感に悩み，時にはレイプ神話と呼ばれ
てきたような男尊女卑の差別的な考え方を周囲から吹き込まれたまま話し
たり，中には加害者をかばい，自分の方に落ち度があると思い込んで自
分を責めるような発言をすることもあります。これに対して「それは違う，
あなたの考え・話すことは間違っている」といった直接的に強く否定的な
メッセージを直接送らないように気を付けましょう。支援員は，どういう
場合にも，公的・社会的な支援の専門家として相談者をサポートする立場

27

第1章　性暴力救援センターにおける性暴力被害者の総合的・包括的支援

にあります。間違っても個人的な感情に基づいた強い信頼関係で結ばれている「友人関係」と自分の支援関係を同一視しないように注意してください。相談者と個人的に強い信頼の絆で結ばれている友達関係であれば，時に「あなたの考えは間違っている」と強く言うことも意味があるかもしれません。しかし支援員は友人ではありません。支援の社会的な専門家なのです。

　性暴力被害者の深刻な心身のダメージをよく理解して，熱心さのあまり，批判的・評価的な圧力をかけてしまわないように，配慮が必要です。これらの配慮のための基本的な被害者理解として，例えば，「性暴力被害者の総合的・包括的支援シリーズ 1 『性暴力被害者の法的支援』」中のコラム「性暴力による心的外傷を理解する──トラウマ関連障害について──」「2 『性暴力被害者の医療的支援』の「6 性暴力被害者の心理的支援」」などもぜひ参照してください。

⑪　支援者のできないことは約束しない

　相談者が置かれている窮状から何とか救い出したい，あるいは何とか相談者との関係をつなぎとめたいと思うあまり，支援者がその場では確認できない見通しや，判断できない，確約できない，引き受けられない見込みを示したり，約束してしまわないように注意することは重要です。

　支援員は社会的な専門的な支援者としての自らの立場と限界をあらかじめきちんと自覚しておく，支援者にとって不可能なことは相談者に約束しない，支援者ができないことは相談者に正確に告げる，ということをルールとして確立しておくことが必要です。特に支援機関の支援員として社会的な活動をしている場合，一個人，ひとりの民間人，友人・隣人として相談者に接しているのではなく，社会的な公共性のある機関を代表する職員として，職務にあたっていることを自覚して行動することが大切です。

⑫　感情の表出をさえぎらない，相手の感情を受けて立たない

　相談者が話しながら感情的になって泣き出したり怒り出したりすることはよくあることです。時には理由なく相手かまわず怒り出して，些細な

2　性暴力被害者支援の様々な場面と支援者・支援員

きっかけから激しい非難が電話の相手に向けられることもあります。これらは被害者の混乱した立場を想定すればある程度は理解できることですが，些細な言葉のやり取りから泣き出されたり，非難されたり，怒り出されたりすると，支援員は自分の対応が至らないために相手を不必要に感情的にしてしまったとか，怒らせてしまったと感じてしまうことがあります。確かにそうしたきっかけを与えたかもしれませんが，基本的には相談者の側に感情発散や興奮した異議申し立てを表現する必要性がある場合，それを操作的に止めることは不適切であると受け止めることが大切です。

　もちろん，明らかにこちらの対応の言葉などに過ちがあった場合には，即座に謝罪することが必要です。そしてそれ以降はまず，相手の感情発散をさえぎらないで対応することが重要です。間違っても相手の言葉を受けて，それに反論したり，反発して言い返したりしないようにしてください。相談者の感情表現をさえぎらずに冷静に対応することが必要です。

⑬　他の被害者，一般的な被害者，という例を出したり，比較したりするコメントをしない

　被害者との対話の中で，同じような被害にあった他の人はどうしているかとか，こんな風に感じることは異常なのか，当たり前なのか，誰でも同じように感じるのか，といった話題が出ることがあります。被害者からそうした話が出たら，被害者が自分の経験や感じていることについて，他人とのつながりを感じ取りたくてそんな話をすることは，了解できることです。まず，当人が言いたいことを丁寧に聴き取ることが大切です。しかし，こちらからは決して，他の被害者の話，一般的な被害者というたとえや話題，さらには相談者と他の人々を比較するような話をしないように気を付けて下さい。それは相手に，相談の守秘義務の不安を抱かせるか，明らかに違反している危険性があります。また，善意からのつもりであっても，誰も1回きりのユニークで困難なこの今を生き抜こうとしている自分のことを，他の人と引き比べられて評価されたくありません。

　一般論を述べる場合には「誰でも人は」という前提に戻るか，「私は〜

29

第1章　性暴力救援センターにおける性暴力被害者の総合的・包括的支援

と感じる・考える」という「I message」にして話すことが原則です。自分が感じていることは，他の人でも同じように起こることなのかという，自分の体験に人間としてのつながりを感じたい，というニーズと，この世の何％の人に何が起こっていて，その人たちがどうしてきたかという事実情報を知ること，そして自分はどう生きればいいか，という問いは互いに近いところにありますが，イコールでは結び付かない事柄です。支援員はたとえ，世界中であなた一人だけに起こったことであったとしても，私はちゃんとそれを人として分かりたくて聴いています，という態度が基本です。

⑭　当事者の納得や承諾を確認しないで，具体的な行動を決めない

　どんなに相手の利益を考えての行動であったとしても，支援員は，誰かの命の危険を救うような緊急の場合や，当事者の認知・承諾を要しない通報・通告を法的に義務づけられているような行為を除いて，当事者の納得や承諾を確認しないで，具体的な行動を決めてはなりません。

　支援は当事者の権利を守ること，当事者の主体性と能動性，選択の意思決定を可能な限り尊重することに軸があります。そのために，もたつくことがあっても，適切な期限が守り切れないことがあっても，情報を提供し，適切な選択肢や行動のシナリオとその意味を説明して，提案をするまでが支援者の役割であり，最終的に決めるのは当事者であることが原則です。

⑮　すべてをゆだねられて万能感に陥らない

　時として人は神様のような存在，専門家という人や経験豊富な人，自分のために一生懸命，何かをしてくれる人，運命の出会いのように感じる出来事や人に出会うと，その人やその存在にすべてを任せ，ゆだねたくなることがあります。強い信頼感や絆，同志関係の発見，あるいは時として自己責任を果たしきれないかもしれない自分の弱さに直面して，謙虚に，あるいは逃げて，誰かにすべてをゆだねたくなることがあります。

　その人が今，どの位置にいるかは分かりませんが，支援員はすべてをゆ

2 性暴力被害者支援の様々な場面と支援者・支援員

だねられて，それを引き受けるべきではありません。引き受けるフリをすることも勧められません。例えば自殺を天秤にかけた家出，不治の病いを前にした最後の願いなど，深刻なトラウマを負った人の人生には，目がくらむような病理が時々覗きます。こうしたテーマに惹かれる人にはその人自身の病理があると振り返る必要があります。

　人という存在は，どんなに深い愛によっても，他人の人生を引き受けられるようにはできていません。それは適切で必要な人としての限界や境界を無視し，見分けられなくなることによって，結果的に深刻な権利侵害を起こす事態に至ります。社会的に責任のある役割を果たす支援員の限界と責務を守ってください。

⑯　1回のやり取りで問題を解決しようとしない

　それぞれの性暴力救援センターにおいては，初回の電話の対応で何を，どの程度，聴き取り，どういう場合，次に何につなぐか，といった一定のシナリオが設定されているかと思われます（もしも標準的な初動の電話対応のシナリオがあいまいな場合は早急に基本的な対応のシナリオとメッセージを整理して共有する必要があります）。

　電話をかけてきた相談者が，最初から具体的で分かりやすい相談ごと持ちかけてきた場合には，その求めに応じて相談の流れを作り出しやすいかもしれません。しかし，初めて電話をかけてきた相談者はしばしば，今，どんな支援を，誰に，どのように求めたらよいのか，図りかねていたり，混乱していたりします。こういう場合，支援員はあらゆる可能性を見落としてはならないと感じて，相談者の被害内容を詳しく聴き出し過ぎて疲弊させてしまったり，相談者が想定しているかもしれない様々なニーズ，選択肢をできるだけたくさん聴き出そうとして話し込んでしまい，かえって相談者を混乱させてしまったりすることがあります。いずれも支援員が，今の1回のやり取りで，何か問題を解決できる糸口まで到達しなければ，と感じている場合に起こりやすいことです。

　相談には必ず流れ，プロセスがあり，1回のやり取りだけで問題がすべ

31

第1章　性暴力救援センターにおける性暴力被害者の総合的・包括的支援

て把握されたり，解決に向かったりすることはありません。当面，次のプロセスに向かうために最も大切な要点を把握して，その流れを確実につなぐことが大切です。

　時には相談者から性急に，今すぐ，どうしたらよいか，どうすれば解決するか，と即座な解答を支援員が求められることもあるかもしれません。そうした要請は概ね，現実的ではない奇跡的で即座な問題解決を求めています。相談者の切迫した苦痛や恐怖がそうした反応を起こしている場合が多いのですが，しばしば支援員はそれに巻き込まれます。

　まず，落ち着いて，丁寧に相手の話を聴き取ったうえで，すぐに答えは出せないが，一緒に考えていくこと，お互いによく話しあって，慎重に答えを見つけ出していくことが必要であり，重要であることを説明します。現実は性急な救いを求める心には，苦く，不満足で腹立たしいものです。それでも一歩，前に出ることはできます。

　最初の電話による接触場面から，支援員がどう対応するかについての基本的に共通する留意事項は概ね上の通りです。これらの留意事項の中には初回の対応に限らず，その後の相談対応においても共通する留意点もあります。

　以下にその他の初期対応の留意事項を場面ごとに見ていきます。

② 本人からの接触

　最初に接触してきたのが被害当事者・本人である場合，まず接触してきた判断の大切さを認め，当人の安全状況を確認し，相談につながる具体的な手順を案内することが重要です。詳しく話を聴くのは面談の場面とし，まずは本人が接触してきた主な理由と現在の状況の安全程度を確認し，具体的な相談来所の手順を案内します。その際，相談情報や個人情報の取り扱いや相談機関としての基本的なポリシーを説明しておくことも大切です。

　被害直後の相談で，緊急避妊薬の有効性や証拠採取の可能性が高い場合は，そのまま速やかに医療機関受診してもらうことが望ましいです。怪我をしているなど，安全上の問題がある場合は警察や救急への緊急通報も選択肢にな

ります。妊娠の可能性がある場合や性感染症が疑われる場合も，早期の医療機関受診が必要です。性暴力救援センターが医療拠点型ですぐに医療処置が提供できる場合はまず来所してもらうことで対応できますが，紹介や同行支援が必要な場合，その手筈を整えることも含めて対応する必要性があります。

　当人の現在の場所が，まだ危険な状態にあると考えられる場合には，サポートしてくれる人をすぐに呼べるか確認し，場合によっては警察に助けを求めるよう要請します。

　当人がいる場所が遠く離れていたり，すぐに直接的な支援につながりにくいことが分かった場合には，近くにあって，本人が支援につながりやすい窓口をいくつか紹介することも必要となります。性暴力被害問題の場合，一番身近な地元が最も相談しやすい場所とは限らないので，本人が選択できる範囲で複数の情報を提供しておくことも必要です。また，本人がすぐにできそうなこと，周囲に本人をサポートしてくれる人がいるかどうか，何かあれば再度連絡をしてきてもらってよいこと，次回連絡した際に，今回と同一人物であることをわかるようにしておくか，1回ごとにその時限りの相談としておきたいかも本人に意向を尋ねる必要があります。

　匿名のまま，どこにいるかも相談来所できるかどうかも明確には示さない相談者もいます。まず連絡をとってきた勇気と決心を支持し，現在の周囲の状況の安全性を尋ね，サポートしてもらえる人の有無を確認し，支援につながる具体的な方法を案内します。産科・婦人科としての「急性期（概ね被害から1週間以内）」にあたるか，「非急性期（概ね1週間以降経過）」にあたるか，また当人がすぐに動き出せそうにない場合には，継続的な連絡を取れるかどうか，何かあれば，続けて連絡を取って来れるように案内します。

3 家族・親族・友人・知人からの接触

　被害者の周囲の人からの相談は，いつの時点で直接，被害者本人につながれるか，が重要になります。周囲の人がどれだけ本人のことを知っているか，本人の意向をどの程度代理しているのかは様々で，簡単には判断できない場合が多いです。できるだけ直接，当事者である本人につながれるように働き

33

第1章　性暴力救援センターにおける性暴力被害者の総合的・包括的支援

かけます。

　幼い子どもが被害者である場合，家族や親族が本人を守ろうとして，代理人として接触してくることがあります。この場合もできるだけ早期に，親族のサポートを得ながら直接に本人と接触することが重要です。

　被害者が子どもの場合，その内容によっては福祉機関への児童虐待通告が必要な場合もあります。そのことをおそれて親族が代理相談をかけてくる場合もありますが，結果的に子どもの安全よりも親族・家族の社会的な安全を優先させてしまう危険性が高く，そうなると子どもの安全・安心についてのネグレクトになってしまいます。丁寧に事情を聴いたうえで，まず本人の所在確認と直接の接触を働きかけることが重要となります。もちろん場合によってはそのまま福祉機関への通告が必要な場合もあります。

④　警察からの接触

　性暴力救援センターが医療拠点型である場合，緊急避妊薬の投与や被害事実に関する診察と証拠採取を求めて緊急に警察から被害者が紹介されて連れてこられるという場合があります。この場合，被害者から警察への被害届がすでに受理されているとか，事件としての捜査着手が併行して進められている場合がほとんどで，医療処置と診察手続き，証拠の採取はそのまま刑事捜査における証拠となりますので，あらかじめ，どのような手順・手続き，手法を用いて作業を完了させるか，警察・検察と手順，方法を確認しておくことになります。

　当初は本人からの任意相談であったものが，当人の意向によって警察への被害届の提出に結び付く場合があります。性暴力救援センターが医療拠点型の場合，診察情報や証拠資料が，後で刑事捜査の証拠になり得るかという課題があります。この場合，証拠の採取と保存などに厳密なルールが必要になり，事前に警察・検察と手順・手続き，手法を確認しておくことになります。

　性暴力救援センターが医療拠点型でない場合，上記と同じような対応システムを連携先の医療機関が確保できるかどうか，課題になります。証拠採取については証拠の保全を行える拠点病院が軸となり，当面は刑事事件になら

34

ない事案でも，将来の対応に備えて，警察・検察と確認済みの条件を満たす形で，拠点病院が採取した証拠資料の保管を担当する方法もあります。

また，性暴力被害が刑事事件化されるという過程は，たとえそれが被害者の申告によって開始されたとしても，被害者にとって強いストレスのかかる事態です。被害者をどのように守り，サポートするか，警察の事情聴取や検察の聴取にあたって，当人のサポートをどうするか，被害者の法定代理人としての弁護士をいつ設定できるかなどが課題となり，これは相談開始の時点から計画的に被害者と話し合いながら対応を進める必要があります。

もう一つの流れは，警察が事件認知はしたものの，刑事捜査にはなじまないかもしれない，立件の見込みが低いと考えられる事例を，支援要請事例として紹介・打診してくる場合です。本人の意向とは必ずしも一致していなかったり，まだ混乱したままの被害者が紹介されて連れてこられる場合もあります。

こうした事案についてはまず一般的な手順を，紹介者である警察と，情報の共有の仕方や手順の整理について事前に協議しておくことが必要になります。警察や検察とのやりとりに際しては，電話や書面だけのやり取りはできるだけ避けて，面談による協議が大切です。

5 児童相談所，都道府県・市町村役所からの接触

性暴力救援センターが医療拠点型の場合，婦人科診察を求めて事例が児童相談所から紹介されてくることが標準的です。連携型の場合も医療機関診察に関して紹介・支援の依頼を児童相談所から受けることがあるかもしれませんが，あまり標準的ではありません。児童福祉機関が子どもの事例を扱っている場合，基本的な被害者本人への支援は当該福祉機関が担当していることが原則です。性暴力救援センターがどの時点で，どの領域を担当するのか，情報共有をどうするのかなど，あらかじめ機関どうして協議して手順を決めておくことが必要です。

学校・教育機関からの紹介の場合には，児童福祉機関のように事例を担当する専門部門が明確には設定されていません。また児童福祉機関の相談ケー

第1章　性暴力救援センターにおける性暴力被害者の総合的・包括的支援

スとして扱うことができていない性暴力被害（子ども同士の加害・被害事件など）事案が多くみられます。学校における臨床的な専門職はスクールカウンセラーやスクールソーシャルワーカーですが，その多くは一人職場の専門職で，自らの専門性において権限のある組織や機関に所属している専門職ではありません。また対外的な交渉における代表者としての権限を与えられていません。それらの権限・判断責任の殆どは校長・教頭が持っています。したがって，学校・教育員会から子どもの被害についての事例相談があった場合には，本人の被害状況に合わせて，本人の権利と安全を担当する適切な人物の設定が必要となる場合があります。学校・教育委員会は，事例の状況によっては，その管理責任についての利害当事者の立場となる可能性があり，場合によっては，被害児の安全と権利を守るために，学校・教育委員会の対応とは別に，独立した人物の設定を保護者と相談する必要があります。基本的には児童の保護者が第一義的な子どもの安全責任者ですが，場合によっては被害者本人の法的な権利・利益を専任に担当できる代理人弁護士を設定することを検討する必要もあります。

⑥　その他の相談窓口からの紹介

　性暴力被害問題については，様々な公私にわたる関係者，相談窓口から，性暴力被害者が紹介されてくる場合があります。単に相談システムや手続きを尋ねるだけの問い合わせも含まれますが，多くの場合，そうした予備的な接触の背後には，何らかの支援を必要としている被害者が存在しています。

　被害者の心情や状況について丁寧な配慮がなされた紹介を受ける場合には，特に気を付けないといけない問題は起こりにくいと考えらえますが，時には先行するそうした対応の流れの中ですでに深刻な二次的トラブルが発生している場合があります。

　性暴力被害者は実に様々な形で意識的・無意識的に自他双方から烙印を押されたり，非難されたり，怒りに巻き込まれていたり，様々な否定的な感情にさらされやすく，傷つき，傷つけられやすい存在です。本人が被害経験を通じて支配的な人間関係に特有の病理的な依存性を強めてしまっている場

2 性暴力被害者支援の様々な場面と支援者・支援員

合もあります。紹介を受けたとたんに現実的な対応能力を超えたケア・サービスや治療を求められたり，紹介前にすでにそうしたサービスの提供が被害者に予告され，空約束されていたりすることがあります。支援員が紹介の打診・連絡を受けたら，事案の相談経過や具体的な紹介の内容をできるだけ正確・丁寧に聴き取り，相談本人にもすぐにそうした内容を確認することが必要です。またそうした紹介の関係が生じた相手，団体，相談窓口についての情報を集め，必要なら直接，面談接触して普段から相互理解を図っておくことも場合によっては必要です。善意の紹介であっても，事実に反する期待や誤解を抱かせてしまっている場合があるので気をつける必要があります。

　こんなことは当然わかっているだろう　という思い込みは誤解を生む主な原因となります。常にオープンに，分からないことは分からないと言い，どうなっているのか教えて下さいと尋ねて確認することが重要です。くどくどと確認せず，ツーカーで意思疎通ができており，よく承知しているかのような対応を取られる場合もありますが，被害者への誤解や間違いの無い，確実な支援のためには危険です。

7　ネットにおける接触

　近年SNSをはじめとする様々なネットによる社会的・対人的接触が，商業活動を超えて，個人的・私的な人間関係をカバーするようになりました。それにつれてネットを通じての性暴力犯罪被害も増えています。同時にネットを通じた相談や支援要請，情報提供のチャンネルも増えてきました。

　ネットによるやり取りの世界は，電話とは違った高度の匿名性・秘匿性と，他方で範囲を見極め難い公開性，暴露・漏洩・流出の危険性を併せ持っています。もしもネットによる相談窓口を開設する場合には，そのサイトの情報管理，仮にハッキングを受けた際の情報流出防止策が必須となります。今日，国境を越えて非合法なハッキングとそこで流出した情報の売買が行われています。性犯罪者たちは，街に出て，加害できそうな人物を探索する危険を冒さずとも，ネットに網を張って探索すれば，容易に加害できそうな，あるいはカモにできそうなターゲットを見つけることができるようになったと

37

第1章　性暴力救援センターにおける性暴力被害者の総合的・包括的支援

言われています。さらにはそのままアクセスして直接の関係をとることすら可能です。実際，多くの児童買春・児童ポルノ防止法が規定する自己画像製造罪で摘発された事件では，そうしたネットのやり取りだけで脅迫され，不本意な画像を提供させられた青少年の事例でいっぱいです。中には呼び出され，さらに深刻な被害にあう場合や，自ら性的関係を対価に一宿一飯のサービスを募るサイトまであるのが今の世の中です。

　ネットの簡便性と匿名性は，確かに孤立した，あるいは社会的な関係性がうまく持てない，制約・制限された状況に置かれている人にとって，誰かと関係をとり，時にはSOSを発信できる重要な手掛かりを提供しています。24時間いつでものアクセス，地理的な条件に制限を受けない直接のコミュニケーション機能においてネットを超えるものはありません。顔や名前を隠したままでも，技術があれば自分の発信源さえも秘匿したまま，あるいは顔や名前をあえて開示することも，自分の側でコントロールし，調整して，メッセージを発信できます。そしてどこからでも望む相手から返信を受け取れるようにすることができます。もちろんそれらがハッキングされて漏洩している危険性も常時ありますし，そうした技術が反対に使われれば，匿名のまま発信したはずの情報から，個人を特定させる情報を見破られる危険性もあります。

　おそらく性暴力救援センターにとってネットの窓口を開設するメリットは，電話にもつながれないでいる被害者が，SOSを発信できることと，性暴力救援センターが提供しているサービスやそれを利用するための方法を，被害者が検索・閲覧して知ることができること，さらには被害の実態を自覚していない様々な性的抑圧やハラスメント，直接的な被害を受けているかもしれない人々にも，その気づきと能動的な対応の端緒を与えるための情報提供が，不特定多数へのメッセージの公開という形でできることにあると考えられます。

　実際に被害者からのSOSを受信した場合には，そこから次の接点に移らないと具体的な支援には繋げられません。匿名性を保持したまま，様々な背景事情や周辺情報を隠したまま発信されるメッセージには，基本的に信ぴょ

2 性暴力被害者支援の様々な場面と支援者・支援員

う性，事実性を確保する手掛かりが電話よりも欠けている場合が多いでしょう。肉声による会話に比べて，文字の表現に限定されたコミュニケーションでは独特の情報の収束性，収斂性，要約性が付きまといます。つまり，生々しい非言語的な水準での実感や実態が互いに伝わりにくいという特徴があります。

ネットの世界でだけでずっとコミュニケーションをとり続けている，文通のような相談サイトは人生相談の世界から，占いの世界まで，ネットコミュニケーションには数多く存在しています。そうした世界のコミュニケーション感覚で，性的な被害についてのメッセージを試しに訴えてみる人もいると考えられます。長いやり取りの結果，個人的な関係性ができて，好意や信頼感，場合によっては恋愛感情のようなものを感じ始めた後で，初めて具体的・現実的な対人接触を考え始める人もいます。そうした経過を取らない限り，具体的な接点にたどり着けない被害者が現実にいると仮定すれば，ネットによる接触には，比較的短期間で具体的な接点に移行できる人と，長く，ネットによる個人的なやり取りを経て，やっと別な接点に移行してくる人に分かれる可能性があるかもしれません。こうした経過は電話によるやり取りでも既にみられている傾向です。

こうなるとどこまで対応するのか，どのような形で誰が，いつ対応するのか，支援員側で体制を検討しておくことが必要と考えられます。姿の見えない際限のないネットの海に無限大の対応窓口を開くことは現実的ではありませんし，どんな侵入を受けるかわからない世界ではそれなりに慎重で短期に更新されて追跡されない情報管理が必要だと考えられます。

最初の接触から次の接点に移行するための応答システム，具体的な応答の仕方，コミュニケーションには，ネットによるコミュニケーション独自の技術が必要となってきています。ちなみに警察庁ネット相談ではインターネット上のトラブルの解決を支援するサイトによる情報発信に機能を限定しています（https://www.npa.go.jp/cybersafety/）。個別の応答を要する相談は警察の窓口に接触するように案内しています。法務省は人権相談窓口をネットに公開していて，相談フォームに氏名，住所，年齢，相談内容等を記入し

39

て送信すると，最寄りの法務局から後日，メール，電話又は面談により回答するという形をとっています。ネットの窓口はあくまで入り口のひとつという位置づけをしています（http://www.moj.go.jp/JINKEN/jinken113.html）。厚生労働省はSNS相談を行う団体のサイト案内をホームページで公表しており，その中には女性の性暴力被害を扱うものも含まれています。それらのサイトは基本的にSNSでの相談以外に電話や対面での相談を開設しており，当事者が望めば，直接的な接触による支援につながれるようになっているようです（https://www.mhlw.go.jp/stf/seisakunitsuite/bunya/0000194961.html）。

8 その他　共通事項

　はじめの[1]項に挙げた，①〜⑯の留意事項は最初の接触に限らず，様々な相談場面に共通する内容を含んでいます。これらの内容を，支援員が提供する相談支援における専門性として養成し，維持し，さらに磨いていくための不断の体制整備が必要です。

　また，基本的な手順のマニュアル化も重要です。性暴力救援センターはどのような運営形態であったとしても，社会的には公共性における責任ある専門的なサービス提供機関です。そこでの専門性は，個人的な名人芸や，特別な活動家のお家芸だけでなく，広く公共的な専門的サービスとしてその内容が明示され，維持管理されているものである必要があります。そうした意味で最初の項に挙げた項目やそれに準じた様々な気付きを，個人的・経験的な技術に留めず，トレーニングとスーパーバイズによる公共的な専門性として構築し続ける活動が必要となります。

Ⅱ　医療受診（インテークとフォローアップ）

　性暴力救援センターが本質的にワンストップセンターとして機能するには，どんなサービス機能がワンストップとして集約されている必要があるでしょうか。世界的にみて，社会的・公共的な制度として展開してきた性暴力被害者支援のシステムは，① 社会福祉的な相談・支援サービス，② 医療的なケ

2 性暴力被害者支援の様々な場面と支援者・支援員

アとサービス，③司法的な対応への接続 の3つの機能がひとつにまとめられてワンストップ化していることが基本となっているように見受けられます。多くの強姦救援センターが医療機関を拠点として設置されており，医療スタッフに加えて福祉と司法機関の職員が元組織から出向して組織を構成している形が基本のようです。

この観点からみると，性暴力救援センターにおける医療受診のシステム化は基本的な構成要素といえるでしょう。産科・婦人科を軸とした病院拠点型の性暴力救援センター設置の重要性がそこにあります。

具体的で詳細な内容は「性暴力被害者の総合的・包括的支援シリーズ 2『性暴力被害者の医療的支援』」を参照してください。

1 最初の相談から医療受診へつなぐ ─────────

最初の相談時点から最短時間で医療受診につなぐ必要があるのは，外傷を負っている場合，緊急避妊薬の投与や刑事証拠としての診断所見や証拠物の採取などが可能と想定される場合がまず挙げられます。「性暴力被害者の総合的・包括的支援シリーズ 2 『性暴力被害者の医療的支援』」ではこの時期を被害発生から約1週間と設定し，産婦人科診療の「急性期」と呼び，それ以降の期間を「非急性期」と呼んで区別しています。「急性期」が過ぎても，妊娠が疑われる場合，人工妊娠中絶の選択期限を考える必要がある場合，そして性感染症の検査・確認が必要な場合も，最初の相談接触からできるだけ早く受診につながることが大切です。医療受診は被害者のリプロダクティブ・ヘルスを守るために必須の対応と考えられます。

医療受診にあたってはインテークとフォローアップが支援員の担当する分野と考えられます。もちろん性暴力被害者支援専門看護師（SANE）など，医療スタッフがこの領域をカバーしている機関もあるでしょう。いずれにしても，それらの機能がきっちりとシステム化されていることが重要です。

41

第1章　性暴力救援センターにおける性暴力被害者の総合的・包括的支援

② 産科・婦人科受診

相談の初期段階で，「急性期」に属する対応，緊急避妊薬の投与を含む医療処置が可能かどうかとか，妊娠のチェックと人工妊娠中絶の意思決定が問われるような場合には，最初の接触からできるだけ速やかに，医療受診につなぐことが必要になります。

① 受診のすすめ

支援員はまず相談来所を勧めると同時に医療受診の概要と必要性を説明し，相談者の予定調整と診察予約を確保する必要があります。紹介型にしろ，病院拠点型にしろ，医療の受診予約の段階で本人についての情報がどこまで必要か，あらかじめ手順や内容を決めておく必要があるでしょう。難しい専門的な疾病があったり，治療を受けている病気がある場合，正確にその病名や処方されている薬の名前を聴いておく必要があるかもしれません。また何らかの未知の症状に悩んでいる場合もあります。どんな症状がいつから，どのように表れているのか，できたら正確に聴いておく必要があるかもしれません。しかし，当事者が常に正確にそうした情報をその場で提供できるとは限りません。受診当日，診察直前の問診調査での確認も含め，効率的に対応できるよう，医療スタッフとあらかじめ詰めておくことが必要な場合もあるでしょう。

② ハードルは低く，シンプルに

相談来所から診察につなぐ過程について，これを診察のインテークとするならば，来所から診察までの時間を長くとらないで，当日の相談者のエネルギーと意識を医療受診に集中させる必要があります。緊急避妊薬の投与や性暴力被害についての診察，妊娠の有無や人工妊娠中絶についての課題に意識とエネルギーを集中させる必要がある場面で，診察前に，長い時間をかけて過去の被害経験や現在の生活状況についてあれこれ聴取することは望ましくありません。対象となる被害事実について，日時の確認や，身体状態，健康状態に関する質問，当日の体調や症状の状態を尋ね，本日の診察の目的と本

人が考える必要のある課題をシンプルに伝えます。

③ 受診前の支援員の役割

　紹介による医療機関連携型の性暴力救援センターの場合は，こうした医療機関受診時のインテークは医療機関側のスタッフが担当することになるでしょう。その場合，支援員はどこまでかかわって，何を引き継いでから，その後を医療機関に任せるのか，事前によく協議しておく必要がありますし，当事者にも，どの段階で，何を伝えるか，また何を伝えておく必要がありそうか，支援員の果たす役割を伝え，話し合い，確認しておく必要があります。

　まだまだ心のゆとりなく，また初めての経験に出会っている被害者は，具体的なやり取りの成り行きがよくわからないまま，自分が支援員から病院スタッフに，次々と一方的に引き渡されたように感じてしまわないよう，配慮する必要があります。

④ 受診後の支援

　支援員が診察後，病院のフロアに待機していてすぐにフォローに入れるかどうかは臨床的に重要な点になるでしょう。病院の次の受診予約の確認や，会計への支払い場面に支援員が同行し，また診察の経過や相談者が医療処置で感じたこと，さらには人口妊娠中絶についての本人の考えなどを直接聴き取って次の受診や面接へつなぐことができれば，後日電話で経過を聴いてやり取りするよりも，より確実でサポーティブな支援過程を築けます。

　医療診察の前後に連続的にかかわれる場合，支援員は医療診察で本人が感じたストレスや，望み，助けになった程度とその内容を具体的に感じ取ったり聴き取ったりできます。診察を通じて何か見通しが持てたことを肯定的に感じているか，すっかり疲れ果ててしまったのか，フラッシュバックやPTSD症状が出そうなのか，などが分かれば，次に必要なサポートもより見えやすくなります。

　補足的に注意が必要なのは，受診内容や医師の見解・方針について相談者から意見を求められたとき，個人的な見解・意見，時には感想を安易に言ってしまわないよう気を付けることです。本人が診察や医療処置について，心

第1章　性暴力救援センターにおける性暴力被害者の総合的・包括的支援

配していること，知りたいこと，尋ねたいことが何かある場合には，医療スタッフに代わって答えるのではなく，相談者の話を丁寧に聴いて，必要なら医療スタッフにつなぐことが重要です。

⑤　公的支援への橋渡し

人工妊娠中絶を決めるにしろ，出産することを選んだにしろ，こうした選択には当人だけでは担えないこと，知人や近親者の協力や，未成年の場合には親権者の承諾が必要だったりします。また母子健康手帳の取得，その他生活に関する役所への申請手続きが必要な場合もあります。現在の生活状況や経済状況からみて，これからの生活設計について，様々な公的支援の活用を検討する必要があるかもしれません。十代の若年妊娠の場合，保健センターの保健師に出産前からの支援を要請することも必要になります。こうした当面，または近い将来への課題について，支援員はどこまでかかわるのか，誰が本人の実生活上の支援者となれるのか，支援機関としてはよく整理しておく必要があります。長期の通院や繰り返しての受診が設定される場合には特にその治療的なプロセスと，被害者支援としての範囲，具体的なスケジュールやその内容をよく吟味して見通しておくことが必要になります。

③　精神・神経科受診

①　被害者の生活歴や全体像

性暴力被害はどんな形にしろ，深刻な精神的ダメージを受ける経験です。トラウマと呼ばれる深刻な心の傷を負いやすい経験として性暴力被害はずっと注目されてきました。ダメージは初期の急性期症状と呼ばれる状態（ここまでに取り上げてきた産科受診における「急性期」とは別のことです）から，その後，長期にわたって様々な後遺症を生むことが指摘されてきました。後遺症は被害経験から，何十年も経ってからでも，突然PTSDを発症したりすることがあり，生涯にわたる深刻なダメージを与える可能性があることが指摘されています。リストカットや自殺企図などの自傷行為，解離性の意識障害や精神症状，解離症状に関連した自己破壊的な性行動が現れたりすること

44

2　性暴力被害者支援の様々な場面と支援者・支援員

も報告されています。

　場合によっては，現在の被害事件の前から，過酷な生活経験があり，様々なダメージを抱えて生きてきた経過があったり，既に精神科のサービスを必要としてきた人もいます。こうした人がさらにトラウマを負うような性暴力被害にあった場合，より深刻なダメージが生じることがあります。そういう意味からも被害者の全体像，これまでの生活歴を丁寧に知ることが重要な場合があります。

②　丁寧で専門的なサポートを

　表面的には冷静でよくコントロールされており，沈んではいるが，混乱していないように見える人もいます。それでも何らかの性暴力被害を経験することは，深刻な精神的ダメージを受けていて当然の事態です。表面的にどう見えていても，丁寧で専門的なサポートが必要であることに変わりはありません。これは被害者を病人扱いすることではありません。すべての人に何らかの精神的なダメージを受けた経験はあります。その程度が人より深刻な場合には，自身の体調や健康を気遣い，精神的なケアにも丁寧に気を配る必要があるということです。

　支援員は精神科の専門家ではないので，必要に応じて精神科の専門家がいる機関に相談したり，保健所の精神衛生相談員など，公的機関に紹介できるチャンネルを組織として確保しておくことが必要です。また精神的な不調の訴えがあれば，心身の健康の確保のために，専門的な医師のアドバイスを求めることを被害者に提案することが大切です。人によっては精神科というだけで，自分が人並みの世界から落ちこぼれてしまう，もう一人前の人間として世の中で扱ってもらえない烙印を押される，と思い込んで症状を隠したり，受診を怖がって抵抗したり，もう自分はおかしくなってしまったと思い込んで絶望したりする場合があります。例えば，長く周囲の人から虐げられてきたり，人と人がいがみ合い，憎みあい，裏切られるような人間関係にずっとさらされる経験をしてきた人は，より強いおびえや不安を感じやすくなっている場合があります。性急に受診を提案するより，丁寧にその人の気持ちを

45

第1章　性暴力救援センターにおける性暴力被害者の総合的・包括的支援

聴き取り，その人が信頼できる相談関係を作っていくこと，そして当人が周囲の人を信頼し，自分の健康のために，専門家の力を利用してみようといった気持ちで医師に相談してみるという立ち位置をとれるようになってもらうことが重要になります。

③　医療機関との連携

もっとも多くの場合，例えば夜，ぐっすり眠れないとか，イライラしていわれのない不安感でいたたまれないなど，心身の不調・不快状態の訴えがあり，それを緩和するために医師に相談してみようといった紹介の仕方もよく見られます。

自殺や深刻な自傷・他害のおそれがある場合，例外的に緊急に病院受診させる必要がある場合もあります。救急車や警察への出動要請により，精神鑑定に運ぶ場合などもこれにあたります。こうした事案では地域の保健機関の精神衛生相談員の助けを得ることも重要です。

精神・神経科のインテークには，おそらく医療スタッフからの問診，あるいは直接に医師からの質問が設定される場合が多いでしょう。支援員は本人の受診までの手はずを整えたり，予約をとったり，関係者と一緒に病院に出向く手配をしたり，実際に受診や通院に付き添ったり，あるいは医療機関に当人がどういう経過・理由で精神・神経科を受診することになったのか，相談者の承諾を得て，担当者に紹介することなどが主な役割であると考えられます。

もしも問題症状が思わしくなく入院治療が必要と判断されたり，長期の通院治療が必要となった場合には，その人の近親者・家族の協力が必要になります。またその後の生活設計そのものが課題となり，制度利用や様々な課題が生じてきます。どこまでのことを支援員が支援として担当するのか，組織としての基準を決めておく必要があります。これらの諸点は先の産科・婦人科医療の提供の場合と同類の課題になります。

2　性暴力被害者支援の様々な場面と支援者・支援員

④　その他の受診 ──────────────

　性暴力被害にあった本人の様々な医療上のケアについては，そのすべてを性暴力救援センターで支援担当しなければならないというわけではないと考えられます。ただ，可能であれば支援員は当事者がどんな健康状態にあって，どんな医療ケアを必要とし，また現在，どんなケアを受けているのか，聴ける範囲では知っておくことが望ましいでしょう。

　中には治療が必要な健康問題を抱えながら，様々な理由でそれを中断している人もいるかもしれません。そのことが本人の健康や今後の生活設計で重大な問題を生じかねないような場合には，必要な医療ケアを受けられるように当人を支援することが必要かもしれません。ただし，経済的・金銭的な問題から，具体的な移動や交通手段，生活上のスケジュールや時間的問題，対象となる医療機関と本人の関係など，様々な個別的な課題がそれには関係していることが多く，そのすべてを性暴力救援センターが自らの責任で解決支援しなければならないかどうかは，様々な場合があると考えられます。

　性暴力救援センターとしては，こうした被害者の全般的な医療ケアニーズについて，支援員として，どの程度まで直接的に関係する責任があると考えるのか，ある程度の基準と方針を持っておく必要があると考えられます。

Ⅲ　精神・情緒面での支援と治療

　性暴力被害は，常に被害者の精神的なダメージを伴います。支援員は直接・間接に被害者の精神的なダメージへのケアにかかわることになります。それぞれの性暴力救援センターが，具体的にどのような精神的ダメージへのケア・サービスのメニューを用意しているかについては統一的な基準はなく，それぞれ違っていると思われますが，まず支援者自身が自らの精神的安全性を保障されながら，支援活動ができるようにサポートされていることが基本的に必要だと考えられます。

第1章　性暴力救援センターにおける性暴力被害者の総合的・包括的支援

1 医療的な対応

　精神・情緒面での被害者支援は上述のⅡ③（44頁以下）の精神・神経科への受診の項で述べた通りですが，ここで改めて確認しておきたいのは，支援者と被害者の支援関係そのものへのサポート，主に支援のスタッフである支援員に対して，どの程度のメンタルサポート，専門的なサポートが提供されているかが重要です。

　性暴力救援センターの支援員には，欧米や近い国では韓国にみられるような，修士卒にあたるクリニカルソーシャルワークや臨床心理学の専門性は保証されていません。民間団体，NPO団体としての運動体・活動団体では，諸外国でも常にそうした専門資格が必須とはなっていない状況がありますが，その様々な局面での支援の専門性が，つまるところは公的なクライシスセンターやワンストップセンター，警察や検察の専門職に該当することは十分に意識されています。そうした場所では，まず支援者と被支援者の関係性についての丁寧なサポートとスーパービジョンが必須であると位置づけられています。

　この観点からみて，性暴力救援センターの支援員が十分なサポートと支援を保証されるように制度整備することが重要だと考えられます。

　深刻な心理・精神面でのダメージのケアでは，支援関係自体が十分に健康で，肯定的・生産的であることが保証される必要があります。支援員は自身の安全と健康を保証されるサポート体制を得て，初めて困難なダメージのケアに安定して取り組めるという認識が重要です。

2 心理・精神面での支援

① 現状と課題

　専門的な心理サービスやカウンセリングを提供するクリニックなどと常時，連携がある性暴力救援センターの場合，支援員はその活用方法や紹介につき，医療受診と同類の対応役割が考えられます。また，Ⅲ①で述べたように，支援員自身が，心理・精神面での援助関係の展開について，助言やコンサル

テーション，スーパーバイズを受けられるようにすることも重要でしょう。

　ただし被害者が心理サービスを受ける場合も，支援員がサポートを受ける場合も，その経費をどこから捻出するか，被害者が心理サービスを利用する場合，健康保険外の心理サービスを利用するとなると，それなりの経済的負担が生じます。平成30年の現在，内閣府のワンストップセンターへの自治体向け補助金設定の中で，被害者のカウンセリング等の治療に関する経費の支援が項目としてはあげられていますが，公費でそれらのサービスを必要とする人のニーズを確実に保証するところまでには到達できていないのが現状でしょう。支援員への支援については予算項目そのものが取り上げられておらず，今後の検討課題といえそうです。

②　トラウマインフォームド・ケア

　性暴力被害者支援として心理・精神面での支援を考える際，「正確な情報を与え，被害者が自分に起こっていることを理解すること」が常に重要であることが指摘されています。これはその後，トラウマインフォームド・ケアと呼ばれる一連の支援のあり方として取り上げられるようになり，現在では性暴力被害への支援ではトラウマインフォームド・ケアについての認識，実務的な能力が問われるようになってきました。兵庫県こころのケアセンターの亀岡智美氏によれば，「トラウマインフォームド・ケアの基本コンセプトは，治療者，子ども，養育者など子どもに関わる大人が，①トラウマの広範囲な影響と回復の過程について十分な知識を持つこと　②トラウマ症状やトラウマ症状のサインに気付くこと　③さまざまなトラウマ症状に有効性が実証された適切な方法で対応することである。」*とされています。

　＊ひょうご公益財団　震災記念21世紀研究機構
　http://www.hemri21.jp/ columns/columns079.html

　今，ここでトラウマインフォームド・ケアの詳しい解説を述べることは本章の目的ではありませんが，上記の亀岡氏の説明を引用すれば，トラウマインフォームド・ケアの発想の基本的要点は以下のように説明されています。「一般的に，トラウマを引き起こすような出来事を体験した子は，さまざま

第1章　性暴力救援センターにおける性暴力被害者の総合的・包括的支援

なトラウマ症状が出現しても過去の体験と関連するとは気付かず，自責感を強め，自己効力感を喪失してしまうことが多い。そして，悪循環を繰り返す中で，成人期を迎える頃には，前述のように，さまざまな心理社会的な困難が表出することが多い。そこで「あなたが悪いのではなく，こころがけがをしているからうまくいかないだけである」こと，さらには「過去の体験の記憶を消すことはできないが，これからの生活の中でトラウマ症状を自分でコントロールしていくことは可能である」ことを本人に伝え，自己効力感や回復への意欲を高めてもらおうと考えたのである。」（同上からの引用）。

③　支援員のための基本的考え方

　引用した文章は，子どもを対象として書かれていますが，この要点は当事者の年齢に関係なく共通していることです。トラウマによって生じる様々な自身に起こるトラブルを，その成り立ちからきちんと知ること（インフォームド）によって，日常生活の中で，トラウマによる問題症状の影響が消えて無くならないとしても，その影響に受動的に振り回され，悪循環につぶされていくのではなく，自覚的に，コントロールと対処の力をつけていくことが，重要だと考えられています。

　トラウマインフォームド・ケアは，トラウマの治療専門家のために開発された特殊な心理治療法ではありません。より広義の，被害者支援のための考え方，トラウマを負った被害者への日常生活場面でのケアやサポートに関わる全ての支援者のために提案されている基本的な考え方です。支援員は今後，欧米を中心に展開を遂げてきたトラウマインフォームド・ケアの考え方とその具体的な方法を基本的に身につける必要性が認識されるようになっていくと考えられます。

③　心理治療・カウンセリング ───────────

①　相談者とのインテーク

　支援機関の体制，連携メニューのひとつとして，医療機関との連携に並んで，心理治療やカウンセリング機関への紹介が位置付けられている場合や，

支援機関の内部組織に，そうした治療機能が備えられている場合，支援員はそれぞれの相談者の状態やニーズに応じて，相談者に情報提供し，もし相談者がサービス利用に関心を示したら，心理治療の適用性や必要性についての判断を専門家に求め，また相談者と話し合い，そのうえで相談者が心理治療やカウンセリングを希望するようであれば，支援部門へ相談者を紹介するということになります。ここでのインテークは多くの場合，心理治療・カウンセリング機関側の最初の手続きに含まれると考えられるので，支援員はその手前の準備段階として，情報提供や紹介，予約や交通手段の確認，相談者の意向確認や，サービスを求めるようになった経過の概要を，相談者の承諾を得て心理治療やカウンセリング担当者に伝えるということになるでしょう。

　場合によっては心理治療やカウンセリングの側での最初の相談者とのインテークにより，相談者本人がそのサービスを利用するかどうか，治療契約に至るかどうかが話し合われたり，決定されたりすることもあります。支援員はそうした相談の流れや手順を相談者にあらかじめ案内しておくことが必要な場合もあるでしょう。

②　情報提供とサービスの紹介

　性暴力救援センターが，専門的な心理治療やカウンセリングの機能を持っておらず，またそうした外部機関へ具体的な紹介ルートも持っていない場合，相談者がそうした心理治療やカウンセリングのサービスを受けたいというニーズを持っていて，支援機関としてもそうしたサービスに相談者をつなぐ必要があると感じたり，医療機関を受診した際に，心理治療やカウンセリングを利用することが望ましいと助言されたような場合，性暴力救援センターとして，相談者に紹介できるような情報をどのようにして提供するか，あるいは適切なサービスを提供してくれそうな特定のクリニックを探し出して紹介するところまで手伝うかどうか，検討が必要になります。

　相談者が自分で適切な機関を探し出して，サービス利用につながる力がありそうなら，相談者に任せることが望ましいでしょう。もしも相談者にそうした社会的な探索や，サービス利用についての適切な評価・選択能力が十分

第1章　性暴力救援センターにおける性暴力被害者の総合的・包括的支援

でないと，支援員や性暴力救援センターが感じた場合，どうするかが課題となります。通常は信頼できる情報を持っている専門家に相談し，いつくか紹介できそうなクリニックなどを教えてもらって相談者に情報提供することになるでしょう。治療契約そのものは相談者と治療担当者の任意の契約によるべきです。

　心理治療やカウンセリングには実に様々な専門性に立った技法や流派があり，たくさんの民間機関が存在します。一見しただけでは，どれが相談者に適切な場所か判断できないのが普通です。相談者がいずれかのクリニックにつながってサービス利用が始まったら，そこにかかってみてどんな感じか，相談者はそのサービスを安心して利用しているか，支援員からそれとなくフォローしておくことが必要な場合もあります。

　心理治療は専門職としての臨床心理学を修め，また特定の技法の養成訓練とスーパーバイズを受けた専門家が実施する特殊な専門的・心理学的治療的技術です。性暴力被害者への心理治療としては，トラウマ症状の緩和に焦点化した認知行動療法のひとつである T-FCBT や，行動療法から発展した EMDR などの専門技法のほか，様々な臨床心理学，精神医学，精神分析学などに依拠した技法があります。精神医学分野では投薬治療と併行して精神療法が実施されることがあります。その他，グループワークや家族療法（システムアプローチ）といった集団で行う方法など，多様な技法があります。

③　支援員の果たす役割

　支援員は，たとえ当人が臨床心理学や精神科の専門的知識を持った専門職であったとしても，また特定の相談者をずっと継続的に担当していく立場にあったとしても，支援員という立場で被害者支援をしながら，同時に心理治療やカウンセリングを同じ対象者に行うことは望ましくありません。

　心理治療には様々な技法や手順，考え方があり，ちょっとしたリラクセーションやセルフケアの方法を試してみるとか，コンサルテーションとしてそうした健康法などについて情報提供するといったことは，支援員の活動のなかでも許容されるかもしれませんが，それでも，そうした技法を継続的に支

2 性暴力被害者支援の様々な場面と支援者・支援員

援員が教えたり，トレーニングするとなると，相談者との間にそうした活動について同意に基づく契約関係が必要と考えられます。そうなると，支援員はその場では支援員ではなく，コーチやトレーナーとして相談者と別の関係を結ぶことになります。

④　治療における守秘義務

心理治療というものは，典型的には，日常的な生活の流れの中で，一時的に時間的・空間的に区切った治療のための空間，時間，人間関係を設定し，その条件下で日々の意識や行動の枠組みをゆるめ，治療者の助けを得ながら相談者が，自己の内面や自分の人生に去来した過去のいきさつを振り返り，こころの葛藤や抑圧をもたらしてきているのに，普段の生活では隠れたまま，気づかないままとなっている自分自身の感情や出来事を探索していく作業であったりします。こうした作業を支えるために，心理治療では，相談者と治療者の間で，どんな条件で何を目指して作業を進めるかについての治療契約が結ばれ，その契約の中には，治療の中で起こった出来事については，みだりに他の人には漏らさないという守秘義務契約が含まれます。こういう特別な利害関係を相談者と共有する心理治療担当者は，それ以外の生活場面，場所，日常活動で相談者と利害関係を持つことを，できるだけ避けることが求められます。

こうした治療契約や守秘義務，日常生活での利害関係からの分離の観点からみて，一般的な日常生活の様々な社会的な場面，領域に関係して，現実的な問題解決や適応のための支援を提供している支援員は，その次元での相談者との信頼関係や対等性，支援関係が保証すべき社会的・精神的安全を守るうえでも，心理治療者の役割を同時に兼ねるべきではありません。

医療での支援や治療を担当する医師においても，精神療法や心理治療を専門に担当する者と，その他の医療行為を行う医師との間では，治療契約が全く異なるので，明確な区別や境界の設定・確認が必要です。

⑤　生活の中の治療と生活の中の支援

しばしば混同されていることに，生活の中の治療，という考え方と，生活

第1章　性暴力救援センターにおける性暴力被害者の総合的・包括的支援

の中の支援という考え方の混乱・混同があります。支援者はどんな役割を担当する場合も，相談者に対しては公平・誠実に接し，相談者が必要としている治療的な意味での配慮をすること，相談者の権利・利益を尊重し，不当に侵害しないこと，が求められ，結果として様々な生活場面でのやりとりで，常にこれらの配慮が一貫して提供されることが求められます。こうした環境的な条件における配慮の遵守は，そこで支援者と出会う様々な相談者にとって，安全で安心な世界，健康で公平な人との関係がこの世に実在することを感じ取る重要な手掛かりになります。当然ながら，そうした経験が相談者に様々な望ましい影響を与える可能性があります。相談者に提供される環境が当事者の生活全体に占める比率が高くなれば，その影響はより大きくなるでしょう。これが生活の中の支援，生活の中の治療という考え方の内容です。しかし，これだけでは厳密な「治療」の核心部分は遂げられていません。

　「治療」は生活の全体からみれば，1週間の中の1時間だけでも成立するものです。治療関係を通じて，被害にあった相談者が意識的で能動的な気づきに至り，決意と行動の選択を行うことで成立する部分があって，初めて実効性のある「治療」と呼べるものとなります。最初は，限られた場面での出来事，限定された条件での出来事ですが，それはやがて，生活の中，日常生活の中での，能動的な気づき，決意と行動の選択へと，徐々に広がって行き，その人の生き方，日常生活の在り方を徐々に変えていくことになります。その時の日常生活の場は，「生活中の治療」で提供されるような場ではありません。もっと一般的で，もっと様々なトラブルに満ち，配慮や尊重がないがしろにされたり，不当な扱いがあったりする世界です。性暴力被害者がそういう世界で，主体的・能動的に，決意と行動の選択を行えるようになったとき，「治療」の成否が問われることになります。

　支援員は性暴力被害者がどんな困難に出会っていて，どんな問題・症状に苦しんでいたり，日常生活で示す言動にはどんな意味や理由があったりするのか，その臨床的な知識や理解，そのための生活場面での配慮について，正しい知識と理解を持っていることが必要です。しかし，そうした理解や知識を持っていることと，その理解や知識を使って，直接，治療的な手続きに入

2　性暴力被害者支援の様々な場面と支援者・支援員

ることは区別されている必要があります。

Ⅳ　法的対応（司法・民事）

　法的対応の具体的情報については，「性暴力被害者の総合的・包括的支援シリーズ　1　『性暴力被害者の法的支援──性的自己決定権・性的人格権の確立に向けて──』」を参照してください。ここでは支援員が法的対応に関係する際の留意点を挙げます。

1　警察関係 ─────────────────────────

　性暴力救援センターと警察との接点には ① 被害者がまず犯罪被害者として警察と接触し，その後で，身体診察や，証拠採取のために警察が被害者を連れて産科受診する形で接触する場合と，② 被害者がまず，性暴力救援センターに相談し，その後の経過で，相談者が警察への被害届の提出や刑事告訴を希望することによって，警察と接触する場合があります。

①　警察から救援センターへ

　①は性暴力救援センターが医療拠点型の場合には，警察から医療受診と証拠採取を要請する連絡が入り，来所，受診してもらうという形になります。警察が捜査上行うこうした作業は通常，定型的な手続きとして，手順が整理されています。ただし，担当する警察官，担当課の事情によって，電話だけでの問い合わせ，事情聴取や，代理担当者による来所など，丁寧な情報共有や，詳しい事情の把握ができない場合があります。また，警察は事件捜査：犯人検挙と犯罪行為の立件，が第一の目的であり，被害者が第一の主人公ではありません。最近は犯罪被害，性犯罪被害の担当者が配置されるなど，以前に比べると，警察の犯罪被害者への配慮が明確に位置づけられるようになってはきていますが，それでもデリケートな被害者への配慮が十分でないこともあります。

　支援員は，被害者を主人公にした対応の担当者として，警察との丁寧な引

55

継ぎや被害者支援に必要な情報共有を働きかけ，できるだけ面談による丁寧な情報共有を要請する必要があります。

　被害者には，性暴力救援センターが提供できることを案内し，被害者本人の心身状態を慎重に把握・フォローして，今後の成り行きの中で当面，どんな支援が必要か，被害者本人は何を望むかよく話し合って選んでもらうようにします。場合によっては被害者の安全と権利を守るアドボケーターとして警察に理解と配慮を要請することもあります。

②　救援センターから警察へ

　②の場合はどのような形の性暴力救援センターでも，相談者がその相談・支援過程の中で警察への被害届の提出や刑事告訴を希望する意思を示すことによって始まります。この場合，相談者が被害者として警察へ被害相談に出向いたり，被害届を提出したり，告訴手続きを進める際に支援員が同行支援することになります。支援員としてはまず，相談者の意向と支援員の同行支援を警察・検察に伝え，併せて当事者の心身状態や事情聴取に同席を望んでいるかどうかなどを事前に伝えて配慮と理解を要請します。女性警察官による事情聴取が設定可能かどうかもこの時点での確認事項に含まれます。

　被害者である相談者にとって，被害事実について警察官や検察官から詳しい事情聴取を受けたり，現場検証に立ち会って証言したりすることは，たとえ当人が刑事告訴を望んでそうなっているとしても，過酷な経験であり，想定していなかった強いストレスを経験する場合がほとんどです。なぜその時間帯にその場所にいて，どういう理由で被害にあったか，など，被害にあった相談者にとっては，自尊感情や，自責感を直撃するような質問がなされる場合もあります。同行する支援員は事前準備の段階から被害者に寄り添い，心身の不調をサポートし，場合によっては警察・検察に一時休憩を申し入れることも必要になります。

　医療拠点型の性暴力救援センターの場合，診察所見や証拠採取の手続きが同時に始まるので，警察から捜査員に出向いてきてもらい，被害者の最初の事情聴取を性暴力救援センターで実施してもらう体制を敷いているところも

あります。こうした手順を作り出すには，組織として性暴力救援センターと警察・検察が協議して体制整備を継続的に図っていくことが必要です。

③ 警察の担当窓口

被害者の年齢が児童の場合には，警察の担当窓口は原則的に少年課になり，本人以外に親権者による手続きが必須となります。成人の場合には個人としての対応になり，担当課は刑事課になります。ただし，継続的な事情聴取や刑事捜査が着手された後は，被害者が児童であっても捜査は刑事課の捜査員が直接担当する場合もあります。

被害が刑事事件として扱われる場合，警察の捜査の上，検察の調書作成，さらには捜査をめぐる様々な協力や証言を求められ，事件が起訴されれば，刑事裁判へとつながっていきます。被害者支援については，本人の法定代理人となってサポートしてくれる弁護士の設定を検討する必要があります。支援員は被害にあった相談者の思い，ニーズをサポートし，相談者自身が自分を取り戻すために必要な支援につなぐ役割を担当することになります。

事案が性暴力被害だけでなく，DV問題やストーカー被害，ポルノ被害などに及ぶ場合，法的な対応，警察ができること，民事的に対応しなければならないこと，インフォーマルなサポートがどの程度得られるか，など複雑な課題があります。支援員は弁護士や様々な関係者とチームネットワークを組み，相談者の安全と健康を守るための工夫をする必要があります。

④ 被害者の最善の選択をサポート

補足的な留意点になりますが，相談者が受けた被害が明らかに犯罪被害であり，加害者が特定されているとか，具体的な日時や場所も特定されていて，あとは相談者が警察に被害申告するかどうかだけに見える事態であっても，相談者が警察への被害申告を望まない場合，相談者の安全を確保できる要件を慎重に検討する必要がありますが，支援員は相談者にそのまま警察への被害申告を強く要請すべきではありません。確かに刑事訴訟法では性犯罪の親告要件が撤廃され，事件認知された事案は警察の判断で捜査着手されるようになりました。それは被害者を犯罪から守るための重要な前進ですが，被害

第1章　性暴力救援センターにおける性暴力被害者の総合的・包括的支援

者を主人公に考える被害者支援の立場では，刑事事件捜査を望まない被害者の意向は一定の条件で尊重される必要があります。

　また，被害者の意向にかかわらず，警察・検察の判断で刑事事件捜査が見送られたり，起訴が見送られたりする場合もあります。日本の刑事訴訟法では，日時や場所の特定など，被疑者・加害容疑者のアリバイの主張を保証できる要件が明確でないもの，起訴しても事件の立件が難しいと検察が判断した事案は起訴されない可能性があります。また時効の問題もあります。さらに事件捜査の最中に，予想される量刑が罰金や執行猶予の範囲にとどまることを知って，相談者が被害申告を取り下げたり，それ以上の捜査への協力を諦めたり忌避する場合もあります。いずれの場合も，支援員は相談者の思いを聴き，警察・検察の考えを聴き，弁護士の法的な見解を聴き，それらを踏まえて被害当事者がその時点で自身にとっての最善の選択ができるようにサポートすることが求められます。

2　弁護士関係

　被害者支援における法的支援は大きく分けて，刑事関係と民事関係に分かれます。多くの性暴力救援センターでは，こうした事案に合わせた法律相談や弁護士のサポートについて，一定の経験と相談ルートを構築してきているとみられます。性暴力被害問題に理解のある複数の弁護士との関係を作っておくことは性暴力救援センターの重要な課題の一つです。

　具体的に，いつ，どのようにして弁護士に支援を求めるかについては，まず支援員から具体的な手順や支援の概要を相談者に伝え，相談者が必要を感じたら，すぐに弁護士と接触できるように準備することが重要です。費用の問題も事前にどんな負担があり，どんな方法があるか紹介しておくことが必要です。

　弁護士との接触には，法テラスや弁護士会の法律相談の利用，あるいは個々の法律相談を引き受けてくれる弁護士との個別接触など様々な接点があるでしょう。どの時点から金銭的負担が始まるか，どの艇の経費が必要か，についても情報提供し，相談者がそれらの条件を承知したうえで行動するこ

2　性暴力被害者支援の様々な場面と支援者・支援員

とが必要です。

　支援員は弁護士による法的支援について，弁護士任せにせず，相談者がちゃんと自分の意思・意向を弁護士に伝えられているか，弁護士を自分の味方と感じているか，弁護士との活動がスムースに進んでいるか，同行支援，同席，振り返り，進捗状況のチェックなどを通じてサポートする必要があります。

　性暴力救援センターの組織的対応としては，コーディネーターになってくれる弁護士を設定し，複数の弁護士による相談者への法的支援の動向把握や調整を支援員とチームになって進めていけるように，体制整備をすることも重要です。

③ 裁判所関係

　裁判所に関係するのは，刑事裁判と民事裁判です。性犯罪事件の刑事裁判の場合，支援員は代理傍聴して裁判の動向を相談者に伝えるという役割があります。弁護士が被害者の法定代理人となって活動している場合には弁護士とチームを組んで対応することになります。

①　求められる継続的な支援

　相談者が被害者参加で出廷したり，法廷証言をする場合，まず法定代理人から裁判所へビデオリンク等の被害者への配慮を求めるのと併行して，支援員は相談者に同行し，付添人として対応することもあります。刑事裁判は捜査段階の事情聴取と同じく，被害立証をめぐる反対尋問など，被害者にとっては過酷な経験となる事態です。事前の情報提供，準備のための打ち合わせから，事後のフォローまで，継続的な支援が必要となります。

　民事裁判は基本的に相談者が弁護士とともに告訴する事件となるので，ある程度は弁護士が相談者と共同作業をサポートするのが基本となります。支援員が裁判所に向いて準備手続きや口頭弁論などの裁判の成り行きを，相談者や関係者に伝えたり，相談者が出廷・証言するのに弁護士と協力して同行支援することがあります。いずれも，相談者にとっては，自身が選択した

第1章　性暴力救援センターにおける性暴力被害者の総合的・包括的支援

対応であったとしても，被害の事実に何度も直面させれられる過酷な経験であり，事前の情報提供，準備のための打ち合わせから，事後のフォローまで，継続的な支援が必要となります。

②　被害者の安全確保とサポート

　性暴力被害にあった相談者が，同時に DV 被害者でもあった場合，裁判所への関与はより複雑になります。これらの支援では DV 被害者支援の専門家，支援機関とのコーディネートも支援員の重要な役割になります。

　裁判は，刑事にしろ，民事にしろ，公平中立の審判官が，原告・被告の提出する証拠と主張を調べて，法的に認められると判定した根拠に基づいて事案を審査・判断する作業です。刑事裁判では，疑わしきは容疑者の利益に，という原則があります。従って，すべての事案で被害者が望む通りの結果が得られる保証はありません。こうした事情は相談者の法的対応を担当する弁護士が相談者に説明するのが原則ですが，裁判の成り行きが思わしくなく，失望するような結果となった場合，その経過途上から，その後まで，被害者の安全確保とサポートを考えるのも支援員の役割に含まれます。

　これらについては，先に挙げた「性暴力被害者の総合的・包括的支援シリーズ　1　『性暴力被害者の法的支援 ——性的自己決定権・性的人格権の確立に向けて——』」の内容，特に「5　法的支援における支援員の役割」も併せて参照してください。

V　支援員の役割と連携

1　生活支援と回復————————————————————

　性暴力被害からの回復の基本は，傷つけられた，リプロダクティブ・ヘルス＆ライツの回復，被害経験によるダメージ，特にトラウマ受傷からの回復といういうことになります。ただし，具体的に何がどうなればよいか，いつまでにどんなことを目標にするかというと，回復の過程は被害者の数だけ多様な姿になるでしょう。さらに相談者の生活課題全体を視野に入れると，そ

60

2　性暴力被害者支援の様々な場面と支援者・支援員

れはもっと多様な条件と選択肢に分岐します。

　トラウマを受けた性暴力被害者の回復過程については，いくつかの専門家による段階説が提示されてきています（例えばジュディス・ハーマンの『心的該当と回復』＊では大きくは３段階に区分された回復過程が挙げられています）。しかし，その過程は簡単に進んでいくものではなく，何度も行きつ戻りつしたり，停滞したりする過程であることが分かっています。近年はトラウマの問題・症状の克服・消失よりも，たとえトラウマの問題・症状が完全に消えることなく続いていくとしても，被害者の人生がそれだけで立ち直れないような状態に留まってしまうとは考えられないこと，トラウマの傷を抱えたままのその後の成長・回復という過程がある，という観点が重視されるようになりました（ローレンス・カルホーン，リチャード・テデスキの監修による『心的外傷後成長ハンドブック』＊＊によれば，エキスパート・コンパニオンという特別な専門職の活動が提案されています）。先に挙げたトラウマインフォームド・ケアの考え方も，この観点に立っています。

＊　　ジュディス・ハーマン著，中井久夫訳，小西聖子解説『心的外傷と回復』みすず
　　書房（1996 年）
＊＊　ローレンス・カルホーン，リチャード・テデスキ監修，宅佳菜子，清水研監訳
　　『心的外傷後成長ハンドブック』医学書院（2014 年）

　支援員が，性暴力被害にあった相談者の生活支援と回復過程にかかわる場合には，少なくとも以下の基本的な前提要件があります。

① 特定の支援者が連続的に支援を担当できること
② 支援者は事例全体に対するソーシャルワーク・アセスメントを行い，支援のプランニングと支援効果の評価，次の支援のためのフィードバックマネジメントを繰り返し行うこと
③ 支援には福祉，医療，公衆衛生，心理，法律などにかかわる多職種のチーム対応が必要であり，当事者の状況，必要に応じて，支援者は地域資源から様々な機関，専門家によるチームネットワークを組織し，そのマネジメントを行う必要があること
④ 臨床的な回復過程に支援者としてかかわるスタッフは，臨床心理学，

61

第1章　性暴力救援センターにおける性暴力被害者の総合的・包括的支援

精神医学，社会福祉ソーシャルワークいずれかの専門性に立ち，その
スーパービジョンを受けて活動すること。例えばL.カルホーンとR.テ
デスキの著作＊＊に挙げられた「エキスパート・コンパニオン」のよう
な内容が該当します（＊＊上記『心的外傷後成長ハンドブック』422〜453
頁参照）。

⑤　いずれの支援活動も，当事者と支援者の治療契約や支援契約の確認・
承諾に基づいて実施され，その目的と範囲が相談者と支援者の間で確認
され，認知されていること，つまり支援目的とそれが遂げられた場合や
その作業が必要なくなった場合の終了・終結要件も明確に支援者と相談
者の間で確認・共有されていること

⑥　支援員は上記の要件を満たす過程における一員として自身の役割を明
確にし，活動すること

　これらの前提要件をみると，性暴力救援センターが果たすワンストップセ
ンターが行う生活支援・回復支援は，いわゆる産婦人科での急性期にあたる
ような初期対応の時期での当面・当座の生活支援や，問題症状への対処は基
本的に同時並行の課題になりますが，それ以降の中・長期の生活支援や回
復支援については，初期対応とは分けて対応を考える必要があることが見え
てきます。刑事・民事の裁判が始まって，それが長期化していくような場合
でも，そこで生じる生活支援課題や回復課題は，初期の対応課題とはかなり
違ったものになってくるでしょう。さらにそうした対応に一区切りがついた
からといって，被害者の回復はまだ道半ばですし，生活支援課題もその時点
からさらに様々な課題が発生，分岐していくとみられます。それらの全てを
「ワンストップ」で連続的・継続的に対応すると考えるのはあまり現実的で
はありません。

　おそらく社会的，組織的な対応責任からみると，被害者への生活支援，回
復支援は，限定的な初期対応以外は，それを本務とする長期支援機関が担
当するか，初期対応を担当するワンストップセンターとしては限定的なア
フターフォロー・サービスと位置づけ，それ以降の支援とは区別するのが妥

当だと考えられます。性暴力救援センターがその中でどのような支援サービスメニューを実装するか，どのような地域資源に相談者をつないでいけるか，さらにそうした地域資源のネットワーク・コーディネーターの役割を誰が担当するか，といった課題整理が必要でしょう。

　当面の支援員の役割としては，緊急避難的な状況で，様々な社会資源を使って，当座の安全な生活の場の確保（シェルターへの避難や婦人相談所の一時保護など）や，必要な医療サービスや生活支援サービスに相談者をつなぐこと，様々な場面で相談者が直面する精神的・情緒的な危機ストレスやそのための心身反応の対処に寄り添い，必要なサービスにつなぐことなどをその都度の支援機関と共に担当することです。

　より長期的な支援に関しては，様々なサービス体制の活用情報を，それぞれの相談者の立場，状況に応じて調査確認し，当事者に丁寧に情報提供し，場合によっては同行支援を含め，サービス利用のためのサポートを行うといった役割があると考えられます。それ以上の活動については上記の要件に応じた検討が必要となるでしょう。

② 予防活動

　性暴力被害問題では，被害にあった被害者を支援することと，被害の未然防止や支援を利用するための情報提供活動が重要です。予防活動については単に犯罪被害への未然防止と予防のための情報提供だけでなく，性をめぐる健康と安全，権利擁護の考え方，セクシャル・アンド・リプロダクティブ・ヘルス＆ライツ の考え方を普及させることが重要です。それは多様な性の在り方や，親密な対人関係・コミュニケーションのあり方，そうしたコミュニケーションにおける性のあり方全体を含むメッセージを世の中に呼びかけることになります。

　幼い子どもから，大人まで，様々な年齢の人に対する様々な場面，チャンネルを通じての情報発信・普及活動が必要です。これは，性暴力救援センターだけ，支援員だけで担えることではありません。教育，福祉，医療など様々な分野で，すべての人が安全で安心できる，自分の心身の健康と安全を

第1章　性暴力救援センターにおける性暴力被害者の総合的・包括的支援

自分でコントロールできる世の中を作っていくための活動になります。

　支援員はこうした幅広い社会的な広がりのある世界で，様々な活動を展開する人たちと連携してその一端を担える機会をぜひ見つけてください。

（山本　恒雄）

3 支援員として注意すべきこと

3 支援員として注意すべきこと

　支援員の役割のうち，特に気をつけたいことには，以下のようなことがあります。

●科学的根拠のない情報を提供しない
　相談者に治療や支援に関係する社会資源や情報を提供する場合，信用のおける研究結果が報告されており，社会的な公共性・信頼性が保証されているもの，適切な利用実績・効果が確認され，報告されているものを提案します。
　自分の個人的な好みや，プライベートな限られた経験だけで評価したり勧めたりしないように気を付けましょう。

●「聴く」姿勢は大切であるが，共感・受容にのめりこまないこと
　相談者の話には，真剣で誠実な姿勢で耳を傾け，共感的・受容的に聴き取ることは重要ですが，それについての自分の感情表出には，気をつけましょう。
　相手が強く同意を求めてきたり，一緒に共感してくれることを求めてきたりすることは当然ありますし，それに応えることが重要ですが，感情的にはならず，同時に穏やかに静かに落ち着きをもって応えることが重要であり，相談者とはある程度の心的距離を置き，冷静に話を聴きます。

●共感する声かけをしすぎない。
　相談者に対して共感することは大事なことですが，共感の声かけには充分注意して，丁寧に話を聴き，こちらから話し過ぎないように気を付けましょう。
　支援者が話し過ぎると，話そのものが相談者の話のペースではなく，支援

第1章　性暴力救援センターにおける性暴力被害者の総合的・包括的支援

者の話のペースになってしまい，結果的に相談者の話が充分に聴き取られな
かったり，相談者自身の言いたいことよりも，支援者の考えや感情がその場
面をリードしてしまい，結果的に相談者自身の意向や表現が薄れた感じにな
り，その話し合いに相談者が困惑したり，不満や不安を感じてしまう危険性
があるので注意しましょう。

●相談者が，自分とは違う考えを表現しても，即座に反論せず，また，自分
　がより適切と考える案を安易に提案しない

　まずは，相談者の話に耳を傾けながら，相談者の持つ考えや思いを表出で
きるように促すことが大切です。

　支援者が積極的にコメントをする際には，その目的，理由を明確にしなが
ら，発言します。ただし聞き手の思いや考え，また，支援者の判断で行う配
慮的なコメントは，極力控えるように努めましょう。（当事者の思い・考えを
丁寧に聴く）

●保証できないことは，約束しない

　社会資源や情報を紹介する際，事態は支援者が目指す方向に確実に進むと
は限らないことを念頭に置いて対応することが必要です。具体的な提案や評
価をする場合には，支援者が確実に保証できないことは，伝えない方がよい
場合が多いです。また，相談者が訴える心配ごとについて，とりあえず暗示
的に「大丈夫ですよ」とか「何とかなります」と言うことは，よく考え抜か
れた意図的な発言でない限り，支援者の一方的な慰めや確証の無い意見に過
ぎない場合，要注意です。

●解決策であると考えることを，簡単に提案しない

　相談者がどのように何をしたいのかについて，よく耳を傾け，一緒に模索
しながら，考えていくことが支援の基本です。

　支援者の考える解決策と，相談者の目指す方向は様々な程度で違っている
ことが多く，支援者にとっては，明らかだと思える解決策であっても，相談

66

者自身がよく考えて選ぶ過程を尊重し，簡単に提案してしまわないように注意することが必要です。

● **傾聴は必要だが，個人的感情により同情しすぎない**（同調は重要である）
　相談者の話す内容から，支援者が個人的に抱えている未整理な課題が刺激され，感情が揺さぶられることがあります。常に自分の感情の揺れに注意しながら，話を聴き，声かけに注意しましょう。自分の感情の揺れに気づいたら，特に発言や相づち，声かけは慎重にして，個人的な事情による過剰反応をしないように注意しましょう。

● **被害者像を思い込みでつくりあげて型にはめようとしない**
　被害者に対して，支援者が考える，あるいは想像するイメージから，相談者である被害者を可哀想な人，辛い思いをした人，苦しみ続けてきた人というようなイメージに決めつけないよう注意が必要です。
　相談者一人一人が，いろいろな状況に置かれていること，様々な考え・心情を持って生活してきていることに配慮しながら，目の前の相談者のそのままの状態，ありのままの状態をまず，受け容れる気持ちと態度・姿勢で聴き役になることが重要です。

● **共感する声かけには注意する**
　例えば，「大変でしたね」「辛かったですね」といった声かけは支援者が自分が支援者であることを確認するためだけに使っていたり，相談者の話す内容が精神的に苦痛を感じるほど負担になってしまった場合に，しばしば発せられる傾向があることに注意しましょう。そうした場合，このような声かけが，必ずしも，相談者に共感的に響くとは限らない可能性を考えて対応しましょう。

● **情報収集のために話を聴く際，身体的に近づきすぎない**
　面接場面には様々な状況や物理的条件がありますが，対人暴力被害にあっ

第1章　性暴力救援センターにおける性暴力被害者の総合的・包括的支援

た人は，様々な対人場面での距離感に過敏であったり，不安定であったりしやすいことを踏まえ，相談者が，安心して落ち着ける身体的な距離感，対面の物理的状況に配慮しながら，座る位置や場所を考えましょう。ちょっとした机などを挟んで一定の距離を保って座るとか，互いの位置関係を尋問するような真正面の対面位置にせずに少しずらすなど，相談者にとって圧迫感のない条件に配慮しましょう。

　相手の声が小さくて聞こえにくいとか，心情的に揺さぶられて相手のことを守りたいと感じるなど，支援者側の事情で相談者に思わず近づき過ぎないように気を付けましょう。

●紋切型に話を聞かない

　客観的，冷静に話を聴きながら，情報収集に努めることは大切ですが，質問，返事，相づちの仕方には注意しましょう。硬くなりすぎず，事務局になりすぎず，感情は控えめに，おだやかに対応することが重要です。こうした態度・物腰は個人的な特性により，人それぞれのものなので，普段から注意して各自の自然なおだやかさや物腰の柔らかさを意識的にコントロールできるように努力することが必要です。そうして客観的で冷静な態度で話を聴く姿勢を保ち，丁寧に，柔らかい態度でのぞむことが重要です。

●相談者の感情表現を冷静に受け止め，必要最低限の情報収集にとどめる
　⇒共感的な声掛けをしすぎないようにする

　面接記録は，相談者の客観的事実，主観的事実と書き手の印象や評価を分けて書きましょう。記録する際には，収集した内容を整理して，読み手が分かりやすいようにまとめて書くことも必要です。

　相談者の陳述はしばしば，繰り返しや修正，注釈や説明の情報が混在しており，その中から主訴，出来事の経緯，状況・状態の説明等を順序よく整理して書くことが必要となる場合が多いです。また具体的な発言を言葉通りに記録することも重要で，そうした記載では，具体的な発言にはかっこ書き「　」を用いるなど，工夫が必要です。書き手の印象や懸念を感じた点等を

68

3 支援員として注意すべきこと

書く必要がある場合は，相談者の発言と混合しないように，分けて記入するように注意しましょう。

●相談者と共に他機関等へ同行支援する際は，受容的な態度を保ちながらも身体的・心理的　に適度な距離を保つ

　同行支援は来談しての対応と異なり，1対1の相談者と支援者の距離が流動的になる場面となります。支援者は相談者の気持ちに配慮しながらも，近づき過ぎないように注意することが必要です。相談者はしばしば対人的な距離の取り方が苦手で，過度に遠慮したり，依存的な態度になり過ぎたり，あるいは支援者との距離の取り方に葛藤や緊張を感じています。時には依存的に腕を組もうとしたり，弱ってうずくまったりする場合もありますが，無意識に支援者との親密性を確かめようとしていたり，支援者への強い依存的な感情を抱いていたりします。支援者はこうした相談者が示す流動性に振り回されないで，冷静で安定した保護的支援者，受容的で安全な支援者としての距離を保つことが重要です。

　中には支援者の側が，相談者を庇護する自分の役割をアピールしたくなって，支援者の方から相談者に近づき，相談者に身体接触をすることも起こりえます。いずれもこれらの出来事は，相談＝支援の関係性に強い感情的な緊張を発生させることが多く，適切な支援関係に問題を起こすので注意が必要です。

（丸山　恭子）

4 支援のネットワーク・コーディネート

1 内部ネットワーク・コーディネート

　性暴力支援センターがそれぞれに備えている支援メニューについて，一人の相談者が初めて接触してから，必要な支援を有効に活用していくには，相談者に合わせて支援員が効果的にサービス提供の予定，段取りを調整し，サポートすることが必要になります。特に初期の段階では心身の調子を崩しやすい相談者は，予定通りに行動できなかったり，必要な連絡をとれないまま，予約をキャンセルしてしまったり，電話連絡にすぐに対応できなかったりすることがあります。また，精神的に不安定になって対応窓口で文句を言ったり，相談関係にしこりを作ってしまったりすることもあります。

　支援員はこうしたトラブルや行き違いをカバーしながら相談者を支え，窓口とのやりとりをつなぎ，支援センターが持っている機能を有効に支援者が活用できるようにコーディネート機能を果たす役割があります。

　相談者に寄り添いながら，支援につなぐ支援員のコーディネート機能は，それを受けて日々の支援体制側の機能を調整・進行管理するもう一つの内部コーディネート機能とセットになって初めて実効性のあるものになります。

　片方で個々の相談者に寄り添いながら，支援窓口との調整を行う作業と，もう一方で，それら個々の相談者と支援員の動きを受けて，支援窓口の日々の諸活動のスケジュール調整や予約調整，各部門のスタッフの動向把握と必要な連絡・配置調整を一元的に担当し進行管理する担当者とのチームワークがうまく機能することによって，性暴力支援センター全体としての効果的な支援が実現します。この二つのコーディネート機能からなる支援サービスの調整機能が「内部ネットワーク・コーディネート」です。

　支援員は基本的に相談者の側に寄り添って支援サービスの利用をサポートすることが主となると思われますが，その活動は，個々の相談者の動きを的

確にとらえて，日々のサービス提供窓口に確実につなぐ，サービス提供側の正確なマネジメントによる対応があって初めて実効性のある支援活動が実現できます。

このサービス提供側のコーディネーターは，相談者の動きだけでなく，支援提供側のスタッフの動きも把握・調整する必要があり，基本的に常勤・専任スタッフの配置が必要と考えられます。

② 外部ネットワーク・コーディネート

性暴力救援センターの活動は，複数の機関・組織が持つ支援サービスのネットワーク・コーディネートが原則です。相談者は慣れない手順や制度，それぞれに基準の異なるサービスを，要領よく組み合わせたり，予定を調整したりして活用することは難しいでしょう。そのために支援員が個々の相談者に寄り添い，そうしたサービス利用をサポートする必要があります。

内部ネットワーク・コーディネートの項で述べたように，相談者の行動は時に不安定で，予定通りに物事が進まない状態になります。そうした動きを当然のこととして，あらかじめ，それら予定外の状況が発生しても，それをカバーしながら支援サービスを確実に相談者とつなぐ，外部のネットワークにおけるマネジメント活動が，「外部ネットワーク・コーディネート」です。

この活動には，臨機応変に，各サービス窓口間のつなぎを調整して相談者を取りこぼさずに支援サービスにつなぐことと，常時そうした機能が円滑に進むように，各支援機能の窓口どうし，機関どうしの調整・確認，場合によっては協議を重ねていく作業の二つの課題があります。

（山本　恒雄）

第2章

性暴力救援センターにおける
支援員の役割

1 性暴力救援センター・大阪SACHICOにおける支援員の役割

1 支援員のスタンス

　性暴力救援センター・大阪SACHICO（以下，SACHICO）における支援員のスタンスは，支援の基盤を理解すること，つまり「性暴力とは何か」という定義の明確化と共有化に始まります。SACHICOでは，性暴力を「同意のない，対等でない，強要された性的行為はすべて性暴力である」と定義しています。支援員はまずその定義をしっかりと理解しておかなければなりません。「同意」，「対等」，「強要」という単語の意味ではなく，そもそも自分自身がこれまで「同意」，「対等」，「強要」をどのように捉えていたのかを精査し，真の「同意」，「対等」，「強要」とは何かを支援員として語る言葉とその根拠を持つことが求められます。

　SACHICOに来られる被害当事者やその身近なご家族等からたびたび聞かれるのは，自責感，罪悪感，無力感が入り混じったような，こんな言葉です。

　「はっきり断らなかったから……私も悪いんです……」

　「最初に嫌と言わなかったので，同意したのも同じことだと思うんです……」

　果たしてそうなのでしょうか？

　「いいえ，違います。あなたは悪くありません。なぜならば……」，支援員はこの「なぜならば……」について根拠を持って語らなければなりません。

　ある被害当事者の方がとても大切なことを教えて下さいました。（ご本人の許可を得てここに記します。）

　SACHICOを2010年に開設してしばらくして出会ったその方が，最初に「ここでも，私の話をしばし聞いたら，あなたは悪くないって言いますか？そういうのが決まりなんですか？」と言われました。その方はそれまで多重の被害に何度もあわれており，さまざまな関係機関へ行かれた経験をお持ち

でしたが，どこへ行っても，しばし話をするとその話を聞いていた支援者が必ずすかさず「あなたは悪くありませんよ。」と言ってきたそうです。そう言われる度に，「じゃあなぜ，私なのよ！　……なぜ，隣にいた別の人じゃなく私が被害にあうの！　説明してよ！」と怒りが沸き起こり，支援が続かない状況だったそうです。

「あなたは悪くない」

支援者はこの言葉を何のために発信するのでしょうか？　これは重要なメッセージですと学習した支援者が，学習効果を発揮しようと，支援している状況にやりがいを感じつつ，またこのメッセージが被害当事者を癒すのだ，などと勘違いして発信していたとしたらそれは恐ろしいことです。

「あなたは悪くない」

これはメッセージなどではなく，事実なのです。根拠ある事実として，必要な時に淡々と説明すること，本当ですかと何度聞かれてもぶれないそのスタンスが問われているのだということを改めてその方から学びました。

被害者にスキがあったから……，気をつけていれば防げたはず……，短いスカートを履くのは挑発しているのと同じ…，性欲は抑えられないのだから刺激するほうが悪い……など，性暴力神話に基づく被害者落ち度論が今でも多くの人に信じられています。それは，性暴力をする方が悪いのではなく，被害にあう方が気を付けないから悪いのだというレイプカルチャーによって生み出されています。

レイプカルチャーから脱却するためには，被害当事者の視点に立つことが何よりも大切です。SACHICO の支援員は中立の立場には立ちません。中立の立場に立とうとした時点で，意図せずとも加害者を擁護する立ち位置，つまりレイプカルチャーに引き戻されます。100 ％被害当事者の視点にたつこと，それが支援の軸であり，支援員のスタンスなのです。

2 当事者への支援のあり方

当事者への支援のあり方は，どこであっても誰であっても二次被害を与えないことは言うまでもないことです。

1 性暴力救援センター・大阪 SACHICO における支援員の役割

　SACHICO の活動理念のひとつに，「当事者が"自分で選ぶ"を大切にした支援」というものがあります。性暴力は，被害当事者と加害者との間に圧倒的な力の不均衡が存在しています。それはもちろん物理的な力だけでなく，社会的な力，立場，役割など構造的なものも含んでいます。当事者はその圧倒的な力の不均衡の中で支配され，自分で選ぶことなく，被害にあったのです。だからこそ SACHICO では，どんな小さなことでも当事者が選べるように支援するということが重要だと考えているのです。

　それは SACHICO のホットラインにかかってくる相談電話でも同じです。相談の内容から必要なことを聞き取り，来所を勧める際にも，病院拠点型24時間体制のワンストップセンターとして SACHICO には何ができるのか，メリットは何か，どんな材料がそろっているのか等，当事者本人が納得して選べるようにその都度必要に応じた説明をおこないます。性暴力救援センターとしての機能と役割をシンプルかつ的確に説明すること，当たり前のことですがその当たり前のことを淡々と行うのが支援員の役割です。

　来所された際には面談室で話を伺いますが，どこに座りたいかその位置ひとつから当事者本人に選んでいただくようにしています。初めての来所の際には，性暴力救援センターの機能と役割，そして何のための支援員かをシンプルかつ丁寧に説明することが，やはり基本中の基本です。来所前の電話でもお伝えはしていますが，改めて今どこに来ているのかを確認することで，まず安全感と安心感を持ってもらうことが大切だからです。面談の中で，今回の来所の目的を整理し確認するにあたってこれまでの経緯を伺いますが，それは細かい事情を聞くというより，本人に今何が起こっているのか，それをどのように受け止めているのかという当事者の視点を明確にするためです。過去の被害の相談においても，なぜ「今」それを相談しようと思ったのかという当事者の「今の視点の明確化」は同じように重要です。どのような場合にも，当事者の置かれている現状の中で，本人が脆弱にさせられている要因は何か，今そして今後の安全性の確保と再被害の防止のために必要なことは何かを図る作業は常に怠らないように努めています。

第2章　性暴力救援センターにおける支援員の役割

　国連が「身体の統合性と性的自己決定を侵害するもの」は全て性暴力であると定義すべきと勧告していることは，すでに刊行されている本シリーズでも述べてきました。身体の統合性とは「わたしの身体はわたしのもの」，そ

して性的自己決定とは「性的なことも自分のことは自分で決める」というシンプルですがとても大切な考え方であり，人が生きていくために尊重されるべき人権であると言えます。それを侵害する性暴力，その被害からの回復というのは，「わたしの身体はわたしのものなんだ」，「自分のことは自分で決めていいんだ」という感覚や意識を取り戻していくプロセスであり，そのプロセスを性暴力救援センターとして支えていくために支援員は存在しています。

（原田　薫）

③　被害者家族の支援のあり方

　被害当事者が心身ともに傷つき，将来の希望もともすればあきらめきった状態でおられることは，支援の現場で多くみられます。

　どんな性暴力被害なのか，どんな暮らしぶりなのか，どんな人間関係があるのか，家族関係はどうなのかによっても気持ちが違って当然です。孤立した状況ではないか，なんらかのサポートをしてくれる人がまわりにいるのかを意識して聴き取りをします。　当事者からは，「私よりももっとひどい被害にあわれた人もいる」「私がみんなの手を煩わせては申し訳ない」「大丈夫です」などの言葉とはうらはらに，被害以降は，日常生活のさまざまな場面で困難な状況です。一方，持っていきどころのない，怒りや，焦り，を身近な家族にぶつけることも少なくありません。

　家族関係である自分の身近な人が被害を受けたと知ったら，どんな感情が起こるでしょうか。

　普通に日常生活を過ごしていた家族が被害にあうなんて，あるいは過去に被害に遭っていたなんて受け入れられません。被害に遭ったことを認めたくない，そんなことがあるはずがない，信じられないと否認したくなります。

　事実起こったことだと認識する過程は葛藤をともないます。

　絶望感や激しい怒り，無念の感情，家族である自分が守れなかった自責感でおしつぶされ，家族もまた日常生活が困難な状態になります。

　罪の意識・閉塞感が混在し，被害者の話が信じられない，被害をなかった

第2章　性暴力救援センターにおける支援員の役割

ことにしたいとおもったりします。あらゆる人や，関係機関から家族としての自分を非難されていると感じます。その感情は加害者にむけられるだけでなく，被害当事者に，より激しく向かうことがあります。世間の偏見にさらされること，被害を知られることの恐れから，行動を制限し，さらなる被害に遭わないように過剰な束縛をします。

「いい加減に忘れてほしい」「あの子にも悪いところがあった」「自業自得だ」「何も起こらない人もいるのに被害に遭う側の自分たち家族の責任だから自分たちでなんとかするしかない」「こんなに回復が長引くなら私が病気になる」「産まなければよかった」「私のほうが苦しい」「これ以上さらされたくない」「どうせ誰も助けてくれない」「携帯を持つな，外出をするな」「被害がわかってからは，家族で笑いあうこともありません。」

「今まで，共稼ぎで仕事もがんばってきましたが，私がやめるしかありません。子どもがであるかないように監視しないといけないので」「自分が産んだこどもだけれど，顔も見たくない」

子育ては女性の，母の役目であり，責任とする社会。

「お母さんがほとんど家にいないから」「母ならば子どもの変化に気付くべき」「離婚・再婚を繰り返し，そもそも子どもがまともに育たない」そんな社会からの目は容赦なく母に浴びせられるのです。近所で，学校で，職場で，警察で，検察で，支援の現場でも「なぜ，気づけなかったのか？」「家族の問題だ」「家族なんだから」「親子なんだから」「わかるはずでしょ」の問いに「もう，どこに助けを求めても被害者家族が責められるだけ」助けてと言えなくなった家族は被害者を攻撃します。「あんたのせいで，私たちまででこんな惨めな，嫌な思いをさせられる。」「いっそのこと黙っていてくれたほうがよかった」「母として，子どもだけをみていれば被害はおきなかったのでしょうか？」「DVからのがれて離婚したものの，収入は激減し，疲れました。子どもまでこんな被害にあうなんて」シングルマザーでこどもを育てることが，この日本でどれだけ大変なことか。朝から夜まで働き続け，「3か所でパートをして10万円の収入で，病気で休めば収入はへります。パートナーを求めることがいけなかったのか。今度こそ幸せな家庭を作りたい思いがい

けなかったのでしょうか?」

　妊娠を継続し，短い入院中に養子にだすのか，育てるのかを決めなければならない状況の被害当事者の子どもとその家族。

　親になることを賞賛する社会。親子とも自分の身体と心を愛しみ，生き方を尊重する教育がないなか，中絶を悪とする社会。

　この家族だから被害はおきたのですか?

　家族に被害者がでるのは，家族の機能が失われた，病理の深い機能不全家族なのでしょうか?　子どもを守れない親だから，被害は起こるべくして起こったのでしょうか?　母親さえしっかりと，母の自覚をもって，子どもの事だけを考え生きていれば，被害は起こらなかったのでしょうか?

　世間はもとより，被害者サポートに必要な捜査機関や学校関係でも被害者である家族に対して残酷な言葉を発します。

　被害者がでる家族は，機能不全家族だからなど，家族そのものに偏見がもたれます。機能不全家族ってなんですか?　なぜ，そんな家族ができるのですか?　どうすればそんな家族がなくなるのですか?　そんな家庭に育ったらどうすればいいのですか?被害が起こらない家族，はどんな家族でしょうか。

　加害者はだれですか。家族でありながら，被害当事者側に立てないのはなぜなのかを考えてみてください。

　被害当事者の周囲に居ることのしんどさ，直視することの辛さを聴きます。

　SACHICOにこられる性暴力被害者の家族や身近な人も苦しんでいるのがわかります。持っていきどころのない，怒りや，焦り，被害者当事者や支援員にぶつけることも少なくありません。

　あるいは，つらさや，怒りが感じられなくなり，共感できない感情の麻痺がおこります。

　被害者の家族を責めても被害者の回復への環境は変わりません。いえ，悪循環におちいります。被害を家族の問題だけにしてしまわない事です。

　被害当事者の支援のためにも，その家族を孤立させない支援が必要だとおもいます。性暴力救援センター・大阪SACHICOでは，被害者の家族もサ

81

第2章　性暴力救援センターにおける支援員の役割

ポートする必要性を強く感じています。第一に被害者を支援してください。そして家族もきりすてないでください。

　家族だけで抱え込むことがないように，専門家に任せてもよい部分の整理をします。

　性暴力被害者はもちろんですが。家族も，支えてもらえる人がいていいこと，安心できる場所を確保し，心身ともに癒される体験や，楽しいことを楽しいと，お腹をかかえて笑うことも，季節を感じることも，人との関係に心地よさを感じてもいいことを伝えます。

④　同行支援のありかた

　性暴力救援センター・大阪SACHICOに来所された方と，支援員との面談や医師の診察や面談では，どんな被害だったのかが話されます。何度かセンターにこられるなかで，警察にいくのか，弁護士に相談をするのか，カウンセリングをうけるのか，他科の診察を受診するかを当事者と医師，支援員とで話し合います。同行支援の範囲は幅広く，SACHICO開設当初からは想像が及ばなかったことでした。まさに，当事者から日常生活の難しさと，生き辛さに気づかされているのです。当事者の住居近くでの被害や住居に侵入されての被害などは緊急に安全な場所への移動が必要です。引っ越しを決断されたときには安心できる不動産業者への同行，部屋の下見，セキュリティ対策のチエック，引っ越し業者の選定。その後の家計状況を聴きながら，社会制度の活用も提案します。当事者が決断できるまで時間は必要です。被害後の解離症状によって「大丈夫な気がします。」と語りながら不眠，自傷行為，自殺企図，社会との断絶がおこります。職場に行けなかったり，買い物に行けないなどです。

　当事者との距離感や境界線は同行者の責任で，もう少し入り込んでと当事者から怒りや，同行者への苦情を聴きながら気づかされることもあります。

　「新しい住居の近くのお店に入りたいが一緒に行ってくれませんか」と誘っていただく事もあり，世間話しで楽しく過ごします。但し，どんな人が近くを通り，近くに座るのかで緊張がはしります。苦痛を伴った表情は私

に向けられて止まり，身体も止まります。後から状態を聴きますが，息苦しさ・胸の詰まり感・吐気や被害によって性器の痛み。とりあえず動きだした身体を意識し肯定しあいます。同行するからこそわかる被害後の日常の生活があります。

「風が冷たいので，上着を買いにいきたい。靴下も。カーテンも変えようかな。被害のあと，暑いのか，寒いのかも感じなかった」

「職場の同僚や友達が缶コーヒーをくれても飲めなくて，開けてくれたのは特に。飲めないのが申し訳なくて……」

普通に，意識せずにできていたことがこんなに辛く，苦痛をともなう。これが被害なんだと確認します。

「桜の季節が嫌だったのに，今年のこの季節は花びらに触れることができました。」風を感じたり，色を感じたり，感じたことを言葉にしながら，日常の取戻しの過程や身体のリズムを感じ，言葉にする当事者に，本来持つ人間の自助作用を再認識します。被害によって心と身体と人生を侵略された当事者の人格がその人本来の形と色と温度をもちながら確立されていく気がします。

（同行については，⑤関係機関との関わり方及び，性暴力被害者の法的支援，支援員の役割もご参照ください）

⑤　関係機関との関わり方 ────────────

被害当事者の年齢や被害の内容によって関わる関係機関もかわってきます。

SACHICOでは子ども家庭センター・児童相談所・学校・協力病院・警察・検察・弁護士事務所が関わることの多い関係機関です。

（性暴力被害者の法的支援）の冊子の支援員の役割の所でも書きましたが，警察・検察は日常的になじみのある場所ではなく，被害当事者にとって緊張をともないます。当事者が望めば同行をしています。被害者が被害を話す時の辛さと緊張が，「捜査を遂行する上で良い状態ではない，同行して下さい」と捜査機関から依頼されることもありました。加害者対策だけでなく，被害者支援も配慮した捜査機関の対応に，機関連携の大切さを認識し，感銘した

第2章　性暴力救援センターにおける支援員の役割

のでした。

　被害者が落ち着いた状態で，記憶をたどり，正確な調書にと願う捜査関係者であれば当然の連携だと双方で確認していました。

　しかし，最近，捜査機関内に同行者を入れないようになってきていると思います。「本人以外の人が同席すると，同席した人の影響で本人の意思，証言が変わる」と相手方代理人がいうらしいです。「女性警察官をつけます」「ここで一人で耐えられないなら，この先の捜査は無理」「被害者の為に，同行者の同席はできません」などが最近の捜査機関で同行者に言われる文言です。警察では，上の方針が決まると画一的に同じ言葉が発せられます。以前は被害者心理や心身の傷つきを考慮してくれた捜査方法だったのにと思えてなりません。そもそも，当事者が同席を希望されるのには理由があります。最初の被害届の提出のために，一人で訪れたときの二次被害のすさまじさです。狭い取調室で「あなたもついて行ったしね」「防犯カメラでは笑っているから」「被害とは思えない，あなたが被害届を出す意味がわからない」「他にも仕事があって忙しんだから，早く話して」「家に上げないよ。普通」上記は被害者が警察で言われたことばの一部です。もちろん，こちらから「警察で何か言われましたか？」なんて聞いているわけではなく，「警察に行ってきましたが，あきらめるしかないのか，なにしに来たって言う感じで，被害をうけたと言ってはいけないような気になりました」「暴力が弱いです。ボコボコにされないとね，骨折するとか」など被害を被害として認めてもらえず，あきらめ，泣き寝入りするしかなかった被害者が多くいます。

　一方でSACHICOに被害者をつれてきて下さる警察官のなかには，「表に傷はないのですが何とか，証拠を採れたらとおもいます。性器に傷もあるかもしれないので，診察をお願いします。」と被害者のために熱心な警察官にはホッとします。

　学校でも，被害を受けた生徒の側に立場を置いてサポートする先生もいれば，教育の現場，組織のなかで被害・加害に向きあおうとしない先生もいます。

　性暴力被害が市内で起きた時の市の教育委員会の対応にも，違いがありま

84

1 性暴力救援センター・大阪 SACHICO における支援員の役割

す。

　組織の中の一人一人の意識で終わらず，組織としていかに被害者を守るのかという対応をしてほしいものです。

　組織と立場を超えて，面で性暴力被害を認識し，被害者支援することが大切だと感じています。

　以下は支援の現場で，同行支援で，ここまでされないと犯罪被害と認められないのかとぬきだしたものです。しかし，コラムにある当事者の体験では，軟禁されて殺されかけても加害者は不起訴です。証拠不十分。加害者はできる限り証拠を残しません。被害者は，仕事もできなくなり，健康も害し，心もつかれながら証拠集めをしなければならないのです。被害者支援の法律が必要です。

検事が認めてくれそうな暴行・強迫

① 動いたら殺すとタオルで目隠しされた
② アイマスクされカッターで殺すぞと脅された
③ 殴られ，知人に挿入中の画像を送れと言われた
④ 下着の写真がある　ネットで流すと脅された
⑤ 首に包丁をあてて殺すと言われた
⑥ ナイフを突き付けられた
⑦ 局所の写真を携帯でとられ画面見せられ誰にもいうなよと言われた
⑧ 刺されたくなかったら大人しくしろとナイフで脅された
⑨ 包丁でおどされた
⑩ 首をしめられた
⑪ ムービーで撮影されこれを流すぞと言われた
⑫ 「うるさい！　黙れ！」と両手で首を絞められた
⑬ お腹をグーで殴られた
⑭ ナイフを首に突き付けられ「脱げ」と言われた。騒いだら殺すぞと言われた

© 性暴力救援センター・大阪 SACHICO

（高見　陽子）

第2章　性暴力救援センターにおける支援員の役割

6　学校との連携

　SACHICO にはとても多くの子どもたちが訪れています。来所者全体の6割以上を19歳までの子どもが占めています。小学校・中学校など学齢期の子どもが性暴力被害にあった場合，その子どもの日常生活が被害前と大きく変わってしまわないことがとても大切です。その意味においても，子どもの支援にあたっては学校との連携が非常に重要となります。

　しかし，子どもが性暴力にあった際の危機対応マニュアルが備わっているという学校は皆無に等しいのが現状です。殆どの学校で安全対策・危機管理のための取組みとして交通安全教育や防災訓練教育等の予防教育は徹底して実施されていますが，残念なことに子どもの性暴力に関しては，「まず起こらないだろう」という想定なのかリスクマネジメント・クライシスマネジメントが一切なされていません。そのため性暴力が起こってしまってから，子ども本人も家族も学校職員もどうしていいのかわからず右往左往してしまうという事態に陥ってしまいます。学校が良かれと思っておこなった対応が二次被害を招いてしまっていることも少なくありません。

　SACHICO では，子どもの性暴力被害に対して迅速にその子どもが所属している学校と連携がとれるように，その子どもと家族の了解を得たうえで，主な学校職員（担任・養護教諭・生徒指導・管理職等の数名で）に来所してもらうようにしています。支援員と担当医師で面談をおこない，まず学校が把握している現状・被害内容やその理解度，ならびに学校が検討していること，今後の方針などを伺います。そのうえで，性暴力被害に対する正しい理解，性暴力神話の払拭，SACHICO ができること，および今後の学校対応のあり方などをお伝えし，学校側が抱えている不安を軽減しつつ，子どもの回復に向けて学校だからこそできることがあるという確認をおこない，今後についてのプランの提案などをおこなっています。継続支援にあたっては以降何度も来所していただくこともあり，学校対応全般についてのマネジメントをおこなっていきます。

　特に注意が必要なのは学校内に被害者と加害者の子どもが存在する性暴力

1 性暴力救援センター・大阪 SACHICO における支援員の役割

ケースの場合で，学校にとってはどちらも同じように大切な生徒であるということで中立の立場で対応しようと試みられることが少なくありません。しかし，まず学校が守るべきは被害にあった子どもの学ぶ権利で，被害当事者を軸とした対応をおこなわなければ思わぬ事態を引き起こしてしまいます。例えば，適切な学校対応がなされないまま加害側の子どもは何ら変化なく登校し，学校内での安全を感じられない被害側の子どもが登校しづらくなり，そのためにあらぬ噂が拡散されてしまう等，収拾がつかないほど発覚時より事態が悪化していくこともあります。

　学校は刑法で動く機関ではありません。学校として，性暴力は許さないというスタンスでの安全対策・危機管理が重要で，被害にあった子どもを守りぬこうとする対応，学校が安全であると示すこと，それが子どもの回復につながります。決して学校だけで抱えることなく，また逆に警察に一任するので何もできませんという態度ではなく，学校だからできる子どもの安全確保と再被害の防止に向け，SACHICO も協力しながら学校を支援していきたいと考えています。

（原田　薫）

2 性暴力救援センター・大阪 SACHICO における支援 ──実際の支援──

　以下の構成事例は，プライバシー保護のため実際の多数の事例をヒントに創作したものです。

| 構成事例1 | 成人のレイプ被害 「友人からの被害」 |

　24歳女性　会社員　Aさん

　「高校の同窓会に出席し，数名と二次会へ。そこで元同級生男性から強い酒を勧められるままに飲んだ。気分が悪くなりトイレにたったところまでは記憶にあるが，気が付くとホテルにいた。ベッドで全裸で，酒を勧めていた男性から性行為をされていた。妊娠が心配」とのことでSACHICOに電話がありました。

　電話を受けた支援員は，まず電話をかけてきたAさんのいるところが安全かどうかを確認します。けがや，救急車を呼ばねばならないような身体状況がないかも確認します。警察に通報する気持ちがあるかどうかを聞き，今すぐ判断できなくてもSACHICOに来てから通報することもできる旨を端的に伝えます。被害の日時を確認し，緊急避妊薬の適応があるかどうかを計算します。今いるところからSACHICOに来ることは可能か，誰かつきそいはいるか，交通手段は，ということも聞き取ります。

　被害は前日の22時から午前3時頃のことで，Aさんは今すぐ警察に通報する判断はつかないとのことでした。一人で，電車で来るということでした。

　すぐに来ることになったので，支援員は被害当時つけていた下着等も可能であればそのまま持ってくるように伝えました。保険証も持参していただきたいことを説明し，折り返しかけていい電話番号を確認しました。

　来るまでの時間で支援員は支援プランをたてます。電話では聞き取れな

第2章　性暴力救援センターにおける支援員の役割

かったこと，聞き忘れたこと，聞かなければならないことをピックアップします。相手の状況を慮り，どういう気持ちで訪れるかを想像します。

病院窓口にＡさんが「SACHICO に来ました」と声をかけ，別の来所者もいなかったので，すぐに病院受付職員に，SACHICO の部屋までＡさんを案内してもらいました。

Ａさんからの話を聞き終わり，病院の診察受付が済んだ段階で SACHICO 当番医を呼びます。支援員は当番医へ，聞き取った内容を伝えます。場合によっては支援員としてのアセスメント（評価）を伝え，プランの提案をします。医師と支援員とで短くディスカッション（討議）することもあります。

Ａさんに対し，緊急避妊薬の投与と性感染症検査を施行しました。警察へは行こうと思う，とのことであったため性感染症検査のときに証拠採取として腟ぬぐい物を採取しておきました。状況から飲酒のための記憶力低下と思われましたが，念のため尿で簡易薬物検査をしました。薬物反応は出ませんでした。現場のホテルの管轄と思われる警察署に SACHICO から電話し，SACHICO に来るよう要請しましたが，たまたま緊急の事件がおこり，今すぐには SACHICO に行けない，とのことでした。Ａさんには，別の日に警察署に来てもらいたいとのことで，Ａさんもそれを了解しました。刑事事件としての動きに平行して，民事的に弁護士に動いてもらうことも提案しました。

医師の診察が終わり，面談室に戻ったところで支援員がＡさんに弁護士紹介の流れを説明し，どういった観点から弁護士を依頼するか本人の要望をまとめる手伝いもできることを伝えました。警察署に行くとき，場合によっては支援員が同行することもできるので必要時，連絡してくれるよう話しました。SACHICO で使用しているパンフレットを用い，被害後，起こり得る感情，身体症状，周囲に伝えた場合想定できる周囲の反応その対処法等を支援員から説明しました。本人の表情・態度をみながら適切な言葉を選んで本人の気持ちが表明しやすくなるよう支援しました。

次回予約日に来ることをお待ちしていますと伝え，それまでに気持ちがしんどくなったり，相手の動きが何かあったりしたら連絡してもらうよう伝え

2　性暴力救援センター・大阪SACHICOにおける支援

て，初回の来所を終了としました。

構成事例2　学校内生徒間被害　「同級生からの被害」

14歳女性　中学2年生　Bさん

　家に遊びに来た同級生の男子複数から身体を触られる・性器を口に入れられる等の被害が繰り返しあったことが，学校教諭の知るところとなり，学校からの勧めでSACHICOにBさんと母親が共に来所しました。

　SACHICOでは，はじめ支援員がBさんの聴き取りをし，その後別につきそいの母親から聴き取りをしました。当日担当の医師は支援員から概要を聞いたのち，Bさんと面談を行いました。本人の了承を得て性感染症検査も行いました。学校では男子たちは同じクラスの子もいれば，別のクラスの子もおり，皆変わらず通学しているとのことでした。警察にはこれから相談に行くつもりとのことでした。SACHICOからは刑事事件としても民事事件としても弁護士に相談・依頼することができる旨説明し，必要あればSACHICOと連携している弁護士を紹介できることを伝えました。母親は弁護士紹介を希望しました。

　Bさんに対しては，これは「性的いじめ」ととらえることもできるとSACHICOは考えます，と伝えました。性感染症の検査等が終わったのちも継続してSACHICOに来所してもらい，心の回復の状態を診ていき，必要により精神科医師やカウンセラーに紹介することもできます，と話しました。

　Bさんおよび母親からの了解を得て学校に連絡し，一度SACHICOで相談の場を持つことを提案しました。学校からはBさんの担任，生徒指導担当，教頭が来ることになり，SACHICOでは支援員と担当医師とが対応することになりました。

　学校関係者とのカンファレンスの日には，学校の，Bさんおよび加害男子に対する見解・対策を聞いたのち，Bさんの安心・安全を第一にすることをお互いの共通認識とすることから話し合いを始めました。学校側は，警察が

第2章 性暴力救援センターにおける支援員の役割

動けば警察の判断に沿うことを考えている，加害男子も義務教育なので教育を受ける権利があり，学校に来させないわけにはいかないというようなことを話しました。

SACHICO でのこれまでの経験から，加害生徒が普通に登校することで被害生徒が登校できなくなったり，加害生徒がまわりに自分たちに有利になる真偽不明の情報や被害生徒を揶揄する情報を流し二次被害のほうが大きくなったりしたケースを紹介しました。学校として「別室登校の措置」や「被害者に近づかない措置」などをとったケースがあることも紹介しました。警察の動きとは別に，事実を知った学校として教育的立場から加害児童に対応する必要性があるのでは，と投げかけました。学校の立ち位置として，これは「いじめ防止対策推進法」の「重大事態」だという判断で動くべきケースであると SACHICO は考えていることを伝えました。

学校側の窓口を確認します。今後とも学校と SACHICO とが継続して連携をしていくことを提案しました。

学校側が提案したこと，SACHICO から提案したこと，話し合いの結果がどうなったかなどを次回 B さんが再来所したときに伝えます。

| 構成事例3 | 性虐待被害 「実父からの被害」 |

12歳女性　小学6年生　C さん

C さんは，学校で担任教諭に実父からの性虐待被害を訴え，児童相談所に一時保護されました。検察・警察・児童相談所の協同面接を終え，児童相談所（以下児相）職員同伴で SACHICO に来所しました。

SACHICO では，C さんに「児相の人から話を聞きますね」と支援員が断りを入れ，児相職員から概要の聴き取りをします。児相所長名で「情報提供書（紹介状）」を書いてきてもらっているので，それも参考にします。C さんにどう話をして SACHICO に連れてきたかも確認します。

実父からの腟性交を含めた性虐待被害でしたが，最終性交からは2ヶ月

2 性暴力救援センター・大阪 SACHICO における支援

たっており，その間に月経はあったとのことでした。月経があれば妊娠の可能性はないということになりますが，「月経」と思っていたものが妊娠中の不正出血であったり，初経をみないまま妊娠したりするケースもありますので，月経については詳細の問診をとる必要があります。

SACHICO 担当産婦人科医師は支援員から，児相職員より聞きとった概要を伝達してもらい，情報提供書を読んでから C さんを診察室に呼び入れます。C さんの斜め後ろの位置に児相職員に座ってもらい，診察室で C さんが語る内容を共に聞いてもらいます。

診察に必要なことで聞き取れていないことを C さんに追加で聞きます。性感染症検査の必要性を説明し，念のため，尿検査または超音波検査で妊娠していないかの確認をすることに了解を得ます。

診察介助に産婦人科外来看護師を呼びます。C さんにはつきそいの児相職員（女性）に診察のとき横にいてもらったほうがいいか，ついたての向こうにいてもらったほうがいいかを確認します。一人で大丈夫とのことであったので児相職員にはついたての向こうで話の聞けるところにいてもらいました。

腟性交があったということですが，写真や動画で確認された場合でもなければ，本人が腟性交と思っていても実際は肛門性交であったり，挿入までは至っていなかったりすることもあるので，腟および肛門周囲の観察は綿密に行います。外傷のあるなし，処女膜の断裂のあるなしを確認します。処女膜は断裂しており，内診指の挿入及び腟鏡の挿入も容易で，男性器の挿入があったことが推察されました。診察所見は診療録に記載し，診断書を書いて児相に渡します。診察所見をあとから警察・検察より問い合わせられることがあり，後日でも診断書等を出せる準備をしておきます。

診察が終わり，説明を行います。この段階では診察内容を C さんにフィードバックし，ボディイメージの回復を念頭に，言葉かけをします。C さんからの質問も受けます。次回検査結果を聞きに来てもらうことを告げ，C さんのみ退室してもらい，児相職員と話をします。

このとき，C さんが一人にならないよう，児相職員が 2 人で来ている場合うち一人に C さんについてもらうよう促します。職員が 1 人で来ている場合

第2章　性暴力救援センターにおける支援員の役割

であれば，支援員がCさんにつくようにします。ここで，支援員から診察を受けてどうだったか，わからないことはなかったか等聞きます。支援員からパンフレットを用い，性暴力被害を受けた後の心理等について説明してもらいます。また，身体のこと，月経のこと等本人の興味のほどを確認しながら説明します。

　医師と児相職員の話では，医師から診察の結果を説明します。刑事的な動きは現在どうなっているか児相職員に聞きます。非加害親である母親の居場所，状況を受け止められているのかどうか，児相としての母親に対する方針を聞きます。非加害親に対しSACHICOとして支援ができることを伝え，母親を本人とは別に一度連れてきてもらえば面談したりカウンセリングにつないだりすることもできることを伝えます。

　Cさんの母親は，父親の「何もしていない」という否認の言葉を信用し，本人を嘘つき呼ばわりしているそうです。児相が今回SACHICO産婦人科医師から出した診断書に基づいて説明することにより，母の気持ちの変化も有り得るので，様子を見ながら母を連れてくることを職員と確認しました。

　次回予約をとって，初回の診察は終わりとなりました。

（楠本　裕紀）

2 性暴力救援センター・大阪 SACHICO における支援

構成事例4	子どもの強制わいせつ被害　「保育士からの被害」

　2歳のDちゃんが通っている保育所には，男の保育士もいます。飛んだり跳ねたり，いつも楽しく遊んでくれ，Dちゃんはその保育士が大好きでした。

　ある日いつものように母がお迎えに行き，「有難うございました」とDちゃんをひきとっての帰り道，Dちゃんが母に「先生がお口をぺろぺろした，おしりも」というのです。母はびっくりして引き返し，園長に言いました。園長は当該の保育士を呼び，聞きましたが，「口にチュッとしました，お尻をなめたりはしてません。」とごく一部しか認めません。

　園長は，「本人がこういいますので，私としても認めるわけにはいきません。」と否定しました。母は納得できないと伝え，帰ってきました。

　母は，いきなりDちゃんを警察につれて行くのもかわいそうと思い，ネットで調べSACHICOのホットラインにかけてきました。支援員は一旦電話を保留にし，医師と相談した上で，「本日中に，できるだけ早く来てください，証拠物が取れる可能性もありますので。うがいもせずにきてください。お茶やお水は少しならいいですが，食べ物は食べずに来てください」と伝えました。

　母と子は間もなくSACHICOに来ましたが夜になっていました。すでに電話の内容を医師は聞いていたので，再度被害内容を本人と母から確認し，「口の中を綿棒で撫でて証拠物をとること」と「尿道口，腟周辺，肛門周囲の証拠物をとること」を説明し，母の同意が得られたので実施しました。母は警察に通報することを希望しましたので，医師は保育所の管轄の警察に電話をし，概要を伝え，証拠物も採っていることを伝えました。しばらくして警察が来たので，証拠物を提出しました。母はその場で簡単な事情聴取を受け，翌日警察に出向きましたが，子どもの負担が大きいので，結局被害届は出さないということにしました。

　SACHICOの医師は，被害内容から性感染症の検査はしなくてよいという判断を伝えていましたが，それでも心配なので，母は，園長に保育士の性感染症検査（検査項目については，SACHICO医師から聞き）を要求し，実施さ

95

第2章　性暴力救援センターにおける支援員の役割

せ，すべて陰性，異常なしであることを確認しました。さらに，園長に対し，①保育士が，うたがわれるような行為をしたことを謝罪し，②保育士に厳重注意し，③今後園としても監視することを，母とDちゃんに約束させました。この間SACHICOは，母をサポートし続けました。

2017年7月の刑法改正により，性犯罪は非親告罪になりましたが，被害当事者（この場合は子の親）の同意が得られなければ事件化しにくいので，結局刑事事件とならないことも少なくありません。本事例はそういった事例のひとつですが，病院拠点の救援センターだからこそできる支援をした上で，被害届を出すか出さないかは当事者にゆっくりと考えてもらい，出さない場合でも，当事者に安心と安全を得てもらえるような支援を考えます。

構成事例5　成人の強制わいせつ被害　「職場の上司からの被害」

Eさんは22歳，卒業後知り合いの店を手伝いながら就職活動をしていましたが，あまり体力もないこともあり，なかなか正社員の道がなく，困っていました。

ある日店にときどき来ていたお客から，「うちで働くか」と誘われました。お客は，小さな運送会社の社長で，事務員を募集しているということでした。Eさんは嬉しくて，「ぜひよろしくお願いします。」ということで，早速手続きをして，勤めだしました。

事務所にはEさんを含め3人の事務員がいました。最初のうち社長はこまごまと面倒をみてくれ，仕事の内容も教えてくれ，Eさんは「ここで働けるようになって良かった」と思い，一生懸命働きました。ただ，社長が教えてくれる時，肩に手を回すことがあったり，顔を異様に近づけてくることがあるので，それはいやだなと思いつつ，かわしながら我慢をしていました。

ある日，他の職員は退社し，Eさんは残業をしていました。そこへ，外回りをしていた社長が帰ってきました。Eさんは「お疲れさまでした」とお茶を出し，仕事の内容について報告と相談をし，残りの仕事をしてしまおうと

96

2 性暴力救援センター・大阪 SACHICO における支援

机に戻った時，社長が後ろから抱き着いてきて，胸をさわり，服の中に手をいれ，キスをしてきました。Eさんはびっくりして，「やめてください」「いやです」とかわしましたが，「いいだろ」とさらに続け，逃げ回るEさんを長椅子のところにつれて行き寝かせ，下着の中に手をいれ腟に指を入れ，下着を脱がそうとしてきました。Eさんは，必死で逃げ，身づくろいをして，家にかえりました。

　Eさんはショックでしたが，折角仕事にもなれてきたし，正社員の身分を逃したくなかったので翌日からも通常通り仕事に出ました。社長も何事もなかったように，仕事の指示を出していましたが，1か月くらいするとまた同じように肩に手を回したり，お尻を触るようなことをしてきました。Eさんは必死に逃げていましたが，会社に出るのが怖くなり，次第に休みがちになりました。

　すると，社長から強く叱責されたり，ちょっとしたミスをしつこく責められるようになり，Eさんはますます出勤するのが辛くなり，会社を辞めてしまいました。しばらく家の中に引きこもる生活をしていましたが，ある日ようやく友人に打ち明けることができました。友人は警察に行くことを勧めました。Eさんは世話になった社長のことを警察に訴え出ることを躊躇しました。友人はSACHICOというところがあるのを新聞で見たことがあるといって，ネットで調べてくれました。EさんはSACHICOのホットラインにかけてみました。電話に出た支援員におそるおそる被害のことを話すと，「辛かったですね，まずは貴女の心とからだの回復が大事だから一度来られませんか？」と案内され，行くことにしました。

　SACHICOでは，まず支援員と面談し，支援員は，①Eさんの被害は強制わいせつという性暴力被害であること，社長という強い立場で性的行為を強要するセクハラであること，②回復のため，産婦人科医師による心とからだの診療が重要なのでカルテをつくることを勧めました。Eさんは，社長から挿入まではされませんでしたが，キスをされ，腟に指を入れられたりしていたので，「自分が汚された，性器が汚くなった，ひょっとすると性感染症も？」という不安を持っていましたので，診察に同意しました。

97

第2章　性暴力救援センターにおける支援員の役割

　産婦人科の医師は診察後，①Eさんはまったく悪くないこと，②被害の内容から，性感染症は心配いらないこと，③性器は正常で，きれいであること，④心の傷が深いので，SACHICOの精神科受診を勧めること，紹介と予約も可能であること，⑤警察に行けば話は聞いてくれるが，刑事事件として取り上げるのは難しいといわれるかも知れないこと，⑥SACHICOの弁護士を紹介できること，⑥カウンセリングを無料で受けることができることなどを伝えました。当然ですが，④から⑥まではすぐには決められず，継続的に診療をする中で決めていくことになり，次回の診療予約を入れました。

　2週間後の来所時，心の状態があまり回復していないので，医師は精神科受診を勧め，同意されたので，SACHICOの精神科に紹介しました。精神科医師は診察の結果，PTSDの診断をつけて，診断書を書き，継続的に診療していくことになりました。少し回復したBさんは意を決して警察に行き，被害を訴え診断書も提出しました。ところが，警察からは，被害のあとすぐに警察に来なかったこと，証拠がないこと，暴力がないこと，被害の翌日からも出勤し社長と普通に接していることなどから，同意があったと言われてもおかしくない，警察は刑事事件として取り扱うことはできない，と言われました。

　Eさんは警察で傷つく結果になりましたが，そのことを支援員と医師に話をすることができ，警察の対応と今の司法に問題があるのであって，Eさんが悪いのではないことをSACHICOで共有することができたこともあり，さらに落ち込むことなく過ごせました。今後は弁護士といっしょに再度警察にいくことや，民事的に動くなどの道があることを伝えたところ，弁護士に相談することを希望され，SACHICOの登録弁護士に依頼し，民事的に相手と対峙することになりました。

　Eさんは今，カウンセリングを受けながらアルバイトも少しずつ始め，明るさを取り戻しつつあります。

2 性暴力救援センター・大阪 SACHICO における支援

| 構成事例6 | DV 被害　「夫からの性的 DV 被害」 |

　平日朝の 10 時，21 歳の F さんから SACHICO のホットラインに以下のような内容でかかってきました。

　「2 年前に知り合った 3 歳上の男性と 6 か月付き合い，妊娠し結婚しました。付き合いだしたころから，夫はきれやすく，すぐに手も出ていたので心配だったのです。それにまだ子どもを産んで育てられるような経済状態ではなかったのですが，なかなか避妊をしてくれず妊娠してしまいました。妊娠を告げると彼は喜んでくれたので，子どもができると優しくなるかもと期待し，産むことにしました。でも，妊娠中私がしんどくて横になっていると機嫌が悪くなったり，セックスを拒むと暴力を振るわれ，ひどいときはお腹をグーで殴られたこともあります。その時は，過呼吸発作を起こし，救急車で病院に搬送してもらいました。夫の仕事は現場仕事で，私には生活費を少しだけくれて，あとは自分で管理し，好きに使っています。たぶん貯金は殆どないと思います。

　何とか無事に出産しましたが，産後はもっとひどくなりました。子どもの夜泣きがひどいときは「うるさい，だまらせろ」とどなるし，産後 1 か月から避妊なしのセックスを強要し，いやだというと殴られたり，抑え込んでセックスをしてきます。続けて妊娠したらどうしようと思いつつも，母乳なので，まだ大丈夫かなと思っていたのです。ところが昨日，最初の月経までに妊娠してしまうこともあるよと友達に言われ，あわてて妊娠反応検査をしてみると陽性に出たのです。びっくりしました。とてももう一人なんて考えられません。夫とは離婚したいとずっと思っていたのです。」

　支援員が，「夫に知られずに赤ちゃんを連れてこちらに来ることができますか？」と尋ねますと，「夫は仕事に出ているので，夕方まで大丈夫です。」とのことでした。「保険証や通帳・印鑑など大事なものと赤ちゃんのものを持って来てください，妊娠についてちゃんと診察を受けて，どうすればよいかを考えましょう」と言って，その日のうちにできるだけ早く SACHICO に来ることを勧めました。

99

第2章　性暴力救援センターにおける支援員の役割

　午後2時に，Fさんは来所しました。カルテを作り医師の診察の結果，妊娠7週の正常妊娠であることがわかりました。医師は，①離婚の意思がはっきりしていることと，②妊娠継続は母体にとって非常に苦痛であり，その希望もないこと，③暴力的な状況下での妊娠であることを確認し，一旦一時保護をしてもらい，DV防止法に基づく保護命令（接近禁止命令）を裁判所に出してもらい，安全を確保し，それから中絶のことを考えましょうと提案しました。母体保護法に基づく初期中絶が可能な期間としてはあと4週，中期中絶が可能な期間としてはあと14週の猶予があることも説明しました。そして，当該の役所のDV担当の人に連絡し，生活保護の人と一緒にSACHICOに来て，Fさんを保護して欲しいことを伝えました。まもなく役所から担当者二人が来てくれ，話を聞き，本人の意思を確認し，家を出る決意がはっきりしている時は，そのまま一時保護所に同行すること，一旦家に戻りたい希望があれば，一緒に家にもどり，必要なものを取って一時保護所に同行すること，もうしばらく考えたいのであれば，このまま家にもどることも可能であることが伝えられました。

　Fさんは，今から保護して欲しいと言いましたので，赤ちゃんとともに一時保護所に同行，保護されました。

　Fさんは女性相談所のサポートを受け，手続きを進め，保護命令（接近禁止命令）を地方裁判所に出してもらいました。その結果，Fさんは配偶者に近づくことは危険でできない，すなわち配偶者はその意思を表示することができない状況である，と母体保護の指定医師は判断し，Fさんは中絶の手術を受けることができました。同時に，弁護士が入って離婚の話も進んでいます。

　Fさんの場合は，離婚の意思もはっきりしていましたので，直ちに一時保護が可能で接近禁止に向けて動き出すことが出来ましたが，被害者自身が，離婚をなかなか決められないこともあります。その場合は，中絶について夫の同意が必要になります。

　「妊娠を継続するかしないかは女性自身が決めることができる」という重要なリプロダクティブ　ライツが，日本では認められていません。少なくと

100

2　性暴力救援センター・大阪 SACHICO における支援

も DV が存在するときは，女性本人のみの同意だけで人工妊娠中絶が認められるように，母体保護法の改正が必要です。

【参　考】

　人工妊娠中絶術は，日本では母体保護法指定医師のみが実行できることになっています。指定医師は，下記の適応があるときにのみ，中絶術を施行することができます。

母体保護法第 14 条

　第 1 項

　　第 1 号　妊娠の継続または分娩が身体的または経済的理由により母体の健康を著しく害するおそれ のあるもの

　　第 2 号　暴行若しくは脅迫によってまたは抵抗若しくは拒絶することができない間に姦淫されて妊娠したもの

　第 2 項　前項の同意は，配偶者が知れないとき若しくはその意志を表示することができないときまたは妊娠後に配偶者がなくなったときには本人の意思だけで足りる。

構成事例 7　性的搾取　「13 歳，不特定多数との性交」

　児童相談所からの紹介で来所した事案です。児童相談所の職員からの情報と本人からの聴取の内容を合わせると以下のようになります。

　G さんは 13 歳，中学 1 年生。父母は本人が 3 歳の時に離婚し，母と暮らしていましたが，母は小学 2 年の時に新しいパートナーと再婚，弟と妹が生まれています。G さんは，働いている母のかわりに弟や妹のめんどうを見なければならず，いつもしんどい思いをしていました。義父に胸を触られたこともあり，G さんは，しだいに家の中に居場所がないと感じることが多くなっていました。

　中学になってスマホを持たせてもらえるようになり，夢中になっていました。友達に「斎藤さん」という出会い系アプリがあるのを聞いたので入ってみました。すると，たくさんの男性が「会おうよ」と返してきました。興味半分で，そのうちの一人に出会ってみました。

101

第2章　性暴力救援センターにおける支援員の役割

以下はGさんの言葉です。

30歳くらいの優しそうな男性で，「コンビニでごはん買って行こう，好きなお菓子も買っていいよ」と言ってくれました。「面白いところに行って食べよう」とつれて行かれたのは，ホテルでした。その人はごはんを食べながら，楽しくしゃべってくれました。こんなに楽しい時間は久しぶりでした。その人は私の悩みを親身になって聞いてくれました。

しばらくすると，その人は私の手を引っ張ってベッドに寝かせ，服を脱がせました。私はどきどきしましたが，男の人が優しかったので，じっと目をつぶっていました。

するとキスをしたり，全身をなめたりしたあと，腟に何か硬いものを入れてきました。私は痛くて恐くて「やめて！」と叫びましたが，「がまんして」と言って入れてきました。私は妊娠するかもしれないと思って，「中に出さんといて」と叫びました。するとその人は，「じゃあ口でして」と性器を口に入れてきて，射精しました。私は気持ちが悪かったけれど，妊娠するよりましと思って，我慢し，口の中に出たものをティッシュペーパーに出し捨てました。射精が済むとその人はシャワーを浴びて，「じゃこれ」と2万円くれて，「先に帰るね，ホテル代は払っとくから」と言って出て行きました。

私はちょっと怖かったけれど楽しかったなあという思いで帰りました。家に帰ると母に「こんなに遅くまでどこいっとったんや，はよ家のことせんか」としかられ，義父には「ふらふらと出歩いて，男でもできたんか」といやな目で見られました。

私はこんな家，出ていきたいと思い，数日後に家出をしました。そしてまた「斎藤さん」で，出会ってくれる人を募集しました。すぐに応募者があらわれますので，適当に選び，出会います。皆優しくて楽しい人ばかりでした。何十人かと出会い，セックスをしました。もっと続けたいと思っていたら，ある朝ホテルから出たところでおまわりさんに会うと，「何て名前？」と聞かれました。名前を言うと，「家出していたね」といわれ，警察につれて行かれました。警察でいっぱい聞かれました。親から捜索願いが出ていたので，おまわりさんが探していたそうです。

102

2 性暴力救援センター・大阪 SACHICO における支援

　Gさんは児童相談所に「身柄付き送致」され，児相の一時保護所にしばらく滞在し，今後の措置が決められます。児童自立支援施設に入るか，自宅にて観察にするかなどの措置が決められるのです。この一時保護中にSACHICO に連れてこられ，性感染症の検査をするとともに，性について支援員と医師といっしょに考える機会にしています。

　子どもたちは「同意」のもとに不特定多数の，多くは成人と，お金をもらったりもらわなかったりで，性交をしています。そこには暴行も脅迫もありません。「楽しかった」「いやじゃなかった」「またやりたい」といいます。その「出会い」に意味があるのです。その利那的な優しさや楽しさをもらうかわりに「性」を提供しているのです。「あなたの「性」を提供してもいいの？」と聞くと「いいよ，減るもんじゃなし」という言葉が返ってきます。あるいは，「最初が大事と思ってたけれど，1回やったらあとは何回やっても同じ」，とも言います。なんだか大人が言っている言葉を，いつのまにか13歳の子が身につけているようです。私たち大人は，それに対しどう答えればいいのでしょうか？

　「性はあなた自身，性は人間としてのあなたの尊厳すなわち人権であり，それをすり減らしているよ」と伝えられるでしょうか？

　「性は私自身」「性の侵害は私自身の人間としての尊厳を損なうもの」「性を買う，買われるということは，人間としての尊厳を売買すること」で，それは「性暴力である」，ということを子どもたちに伝えなければなりません。

　子どもたちは，優しさや楽しさが欲しいのです。それは本来，家庭の中で，学校の中で，地域の中で十分に得られるはずのものです。それを，性の快楽を求めて集まってくる男たちに少しもらい，その代わりに「人権である性」を提供しているのです。

　こうして一時保護された子どもたちの多くは，児童自立支援施設に入所します。そこでは厳しい規律の中での生活訓練とともに，家族としての生活も体験し，優しさや楽しさも味わい，援助交際をしていた頃のことを「あの時は阿保やったな」と思うようになり，勉強も頑張り，高校を受験し受かります。中学卒業と同時に家庭に戻り，地域の高校に通いだすのです。でも，

103

第2章　性暴力救援センターにおける支援員の役割

帰ってきた家庭は以前のまま，学校もなじみにくく，受け入れられていないように感じます。そして糸の切れた凧のように地元の連れに誘われて，夜中に遊んだり，簡単に性交をする生活に戻ります。やがて，性感染症が心配になり，妊娠が心配になって，SACHICO にやってきます。

　そうしてやってきた子どもたちに，支援員と医師は「また来たん？」と言いつつも「よくきたね」と歓迎します。妊娠してきたとき，彼女らはたいてい「産みたい」と言います。理由は「子どもに罪はないから」「いのちを大切にしたいから」というのです。

　そこで私たちは，「いのちを大切にする」ということは，「産んで，安全に育てる」ということで，それができる見込みがないのであれば，この妊娠を中絶するということはとても誠実な選択である，と伝えます。そして，「生きる権利，すなわち人権はその子が生まれた時からそなわるのであって，生まれるまでは胎児は母に属した存在であること」を説明します。そのうえで，しっかりと自分で考え自分で結論を出せるように見守り，結論が出ればその方向でサポートします。

　子どもたちが自らの「性の自立」「セクシュアル　リプロダクティブ　ライツ」を獲得できるまでの「drop-in center」「立ち寄りどころ」として，SACHICO に来てくれれば，と願っています。

（加藤　治子）

104

〈コラム〉当事者からのメッセージ

| コラム | 当事者からのメッセージ |

　性暴力救援センター・大阪 SACHICO がなければ，私は間違いなく自殺していました。

　私はとある事件に巻き込まれました。凶器を突き付けられながら，死の恐怖と2日近く戦い続けたのち，約半月に及ぶ軟禁。性暴力も受けました。ただ，他の方にとっては大した出来事ではないかもしれません。

　正直，救出してもらったあとのことは今でもところどころの記憶しかありません。そして，そのときは恐怖という感情に支配され，ただひたすら混乱していたと思います。

　しかし地獄はまだまだ続きました。むしろ，それからが本当の地獄でした。日々襲ってくるフラッシュバック，植え付けられた恐怖感，罪悪感，自己存在否定感。感覚や感情が回復し始めると，その感情に耐えきれず，その状態から逃れるために死ぬことだけを考えていました。ありきたりな言葉ですが，生き地獄と表現したらいいのでしょうか。死んだほうがどれだけましだったか。

　それに加え，二次被害も経験しました。お前が悪いということを言われたこともあります。嘲笑を受けたこともあります。それは当然です。その人たちは同じ体験をしているわけではないから，私の事情も本当の辛さも知りません。

　でも，その苦しいという言葉では表現しきれない状況にずっと寄り添ってくださったのがSACHICOとウィメンズセンター大阪の皆様でした。被害者側の状況や心理状態などをたくさん勉強されていて，指示も強制も強要もされず，私という人間を尊重して下さり，適切な距離で見守り寄り添ってくださいました。そのおかげで，事件に巻き込まれ，心が死んでいたとき，死しか見えていなかった私に生きるという選択肢ができました。

　この時期に，SACHICOと出会えなかったら，ウィメンズセンター大阪と出会えなかったら，そして何より病院拠点型ワンストップセンターのSACHICOで速やかなる適切な処置を受けられていなかったら，間違いな

第2章　性暴力救援センターにおける支援員の役割

く今ここにこの私は存在していません。

　私を殺そうとしたり，軟禁をした相手は証拠不十分で不起訴となりました。心にどんなに傷を受けても，証拠がなければ罰せられない。そして，心に受けた傷はどんなに深かろうと，治療をするための時間と費用を負担するのは傷を受けた側。自己責任なのです。これが今の日本の現実ですし，ここが司法・行政の限界です。

　そこで必要になってくるのが被害を受けた人の援助をする機関です。必ずしも被害者は被害を受けてすぐに自分で考えられる状態にはあるわけではありません。混乱し，適切な判断ができなくなっている場合もあります。だからこそSACHICOのような存在は，被害を受けた人が健康で文化的な最低限度の生活を営むために絶対に必要だと感じています。人間らしく生きていくために必要な支援を適切に受けられる環境があることは，絶望の淵にいる被害者にとってこれほどありがたい存在はありません。

　誇張でもなんでもなく，本当に私は命を助けていただきました。

　おかげで今，私はここにいることができています。

　皆様，本当にありがとうございます。そして大変お世話になりました。

（当事者A.）

第３章
性暴力救援センターにおける
支援員の養成・育成

1 性暴力救援センター・大阪 SACHICO における支援員の養成

1 アドボケーター（支援員）養成講座

　SACHICOの支援員の養成は，SACHICOの事務局であるウィメンズセンター大阪が担っており，毎年9月から翌年3月まで半年間をかけ養成講座を実施しています。基礎コース（2時間半×16講座）と実践コース（2時間半×8講座）に分かれており，講師はSACHICO理事や運営委員でもある産婦人科医師・精神科医師・弁護士・カウンセラー等で構成されています。

＜基礎コース＞

	講座内容
1	性暴力救援センターとは何か　〜その機能と役割〜 性暴力救援センター・大阪 SACHICO の活動から
2	様々な性暴力の実態　〜当事者の視点に立つ支援とは 〜性暴力救援センター・大阪 SACHICO の活動から
3	はじめに　〜オリエンテーション〜
4	性暴力とは何か　〜強かん神話〜
5	支援するということ　〜アドボケーターとしてのスタンス〜
6	性暴力被害者に対する法的支援　〜法律の実際〜
7	性暴力被害者に対する医療的支援　〜拠点病院における診察〜
8	子どもへの性暴力　〜その対応における現状と課題〜
9	性暴力被害者の心理1　〜性暴力被害が及ぼす影響・トラウマとPTSD〜
10	性暴力被害者の心理2　〜トラウマからの回復に必要なこと＆被害者家族の心理〜
11	性暴力被害者に対する同行支援　〜関係機関との連携〜
12	ケースから学ぶ　その1

第3章　性暴力救援センターにおける支援員の養成・育成

13	ケースから学ぶ　その2
14	ケースから学ぶ　その3
15	支援者のセルフケア　～および，当事者にも伝えられるリラクゼーション法～
16	基礎講座のまとめと今後に向けて

　基礎コースは，SACHICO の支援員になりたいという希望がない場合でも参加可能です。関係機関職員等の研修や啓発教育の一環として利用される方もいます。性暴力は社会の問題であり，性暴力に対する迷信や刷り込み，間違った思い込みといった神話の根深さを考えると，一人でも多くの方に参加いただきたいと願っています。

　1講座の所要時間は2時間半で，講義および講義内容を踏まえてのディスカッションをおこないます。講師からの講義を受けるだけでなく，ディスカッションにより内省および覚醒を繰り返しながら，参加者それぞれが自分の中にある性暴力神話等を払拭する作業を積み重ねていくことが大切だと考えています。またSACHICO での支援はチーム支援なので，ディスカッションを通じ，お互いが率直に意見を出し合い，よりよい支援に向けてフィードバックし合える関係性を構築していくためのトレーニングも兼ねています。

　SACHICO において支援員として活動することを希望する場合は，下記の要件が必要です。
　1　基礎講座終了後に行われる実践講座を受講すること。
　2　但し基礎講座で4講座以上の欠席がある方は，実践講座を受けることはできません。
　3　実践講座を終え，面接を受けること。
　4　但し実践講座で3講座以上の欠席がある方は，面接を受けることはできません。

1　性暴力救援センター・大阪 SACHICO における支援員の養成

＜実践コース＞

	講　義　内　容
1	実践講座としてのオリエンテーション 　　　　～性暴力救援センターの支援員の役割～
2	ケーススタディ　＆　ロールプレイ
3	ケーススタディ　＆　ロールプレイ
4	ケーススタディ　＆　ロールプレイ
5	ケーススタディ　＆　ロールプレイ
6	ケーススタディ　＆　ロールプレイ
7	ケーススタディ　＆　ロールプレイ
8	実践講座のまとめ　＆　今後に向けて

　実践コースでは，構成事例に基づくケーススタディやロールプレイを通じて，支援員としてのスタンスの確立と支援員の役割の明確化を目指しており，実践現場ですぐに役立つ内容の講座となっています。平面的な学習と違い，基礎コースで学んだことを本当に理解できているのかを振り返る時間にもなります。

　実践コースでは，お互いにフィードバックすること（良かったところ，さらに良くなるために改善すべきところ等を出し合う）に最重点を置いています。率直にフィードバックし合える関係性をつくることが，より良いチーム支援につながります。逆に言えば，フィードバックができないという人は，SACHICO で支援員として活動することは難しいと言えるでしょう。

　実践コースを通して，自分の中に根深く潜んでいる性暴力に関する様々な神話や思い込みが露呈してくることもあり，頭ではわかっている「つもり」だったことを体感としてしっかり捉えなおしていくプロセスを踏んでいくことを大事にしています。

111

第3章　性暴力救援センターにおける支援員の養成・育成

② 支援員の採用の仕組み，および稼働の実際 ─────

SACHICO の支援員の採用の仕組みは次のようになっています。

前述のアドボケーター（支援員）養成講座（基礎コース・実践コース）の修了者の中から，支援員を希望する人の面接をおこないます。その面接に加えて，養成講座中，毎回の講座終了時に記入してもらっている「振り返りシート」の内容が加味されます。またさらに各講座担当講師からの意見も重要なポイントとなっており，それらから総合的に判断し，SACHICO での現場実習に入ってもらう人を決定します。実習は毎年4月から2〜3ヶ月かけて規定の実習内容を体験し，その実習後に再度最終的に支援員として活動していけるか否かを個別確認したうえで，初めて SACHICO 支援員として採用決定および支援員契約書を交わすことになります。

支援員は，毎月第4金曜日（19時〜2時間程度）にケースカンファレンスに参加することが必須となっています。支援員契約書には，「私が受けた相談の問題点や，他の支援員と共に振り返りたいこと・共有したいこと等をまとめ，積極的にケースカンファレンスに提出します」と記載があり，年間を通じてこのケースカンファレンスへの出席率が低くなるようであれば，次年度の支援員契約を継続できなくなることもあらかじめ理解してもらっています。

支援員としての稼働は，シフト制になっています。各支援員は1ヶ月につき最低24時間以上シフトに入ることが SACHICO での規定となっています。基本的なシフト枠は，朝9：00〜13：00・13：00〜17：00・17：00〜21：00・21：00〜翌朝9：00となっており，各自のライフサイクルに合わせてシフトの希望を出し，1ヶ月全体のシフト体制を整えていきます。

どの時間帯のシフト枠も，支援員は2人体制（場合によっては3人体制）が望ましいのですが，現状では難しいことも多く，支援員不足は継続している課題です。また SACHICO 内での支援に加えて，支援員は警察・検察・裁判所等の様々な関係機関への同行支援も担っており，その増加に伴い，さらなる人員の確保が求められます。2017年度から国および大阪府からの補助

112

1　性暴力救援センター・大阪 SACHICO における支援員の養成

金により，ようやく支援員は有償ボランティアとなりましたが，年間を通じて支援員 1 人分のみの補助ですので，財政面においてもまだまだ SACHICO の課題は山積しています。

③　支援員としての資質向上に向けた育成への取り組み

　ケースカンファレンスは，まさに支援員として資質向上のためになくてはならない場です。SACHICO での支援は担当制ではなくシフト制ですが，支援員が交代していくことで支援の質が変容するようなことがあってはなりません。

　ケースカンファレンスにおいて支援員個人のスキルアップを図ると共に，SACHICO の産婦人科医師達も参加しており，SACHICO として組織支援のあり方を点検する機会でもあり，ケースを通じて SACHICO が病院拠点型ワンストップセンターであることの意味を再確認し，セクシュアル・リプロダクティブ・ライツについての認識を深めていきます。

　またケースカンファレンス以外にも，個別のスーパーバイズの機会を設けています。支援員として，また個人としての課題を見つけ出し，その課題に取り組むためにも，自らの希望により個別対応での点検の場を利用するように勧めています。

　また支援員は女性のからだと性についても学びが必要となります。

　女性のからだと性に関しても実に多くの迷信・偏見・思い込みによる神話がはびこっている中，問われるのは支援員の側が，いかにその根深い神話から独立した認識を持っているかということです。そこで支援員の育成の一環として，ウィメンズセンター大阪が毎年 3 月から開始している「女のからだをトータルに知ろう！　学ぼう！　考えよう！　女のからだ相談員養成講座」も受講してもらうようにしています。

　支援員自身が改めて，女（わたし）のからだと性をじっくり見つめ直し，そこから見えてくる自分と社会について考えてみるトレーニングをおこなっています。

　その講座の内容は次頁の通りです。

113

第3章　性暴力救援センターにおける支援員の養成・育成

(1)　基礎コース「もっと知りたい！　女のからだ」

1	オリエンテーション　〜ウィメンズセンター大阪とは〜
2	女のからだ基礎知識(1)　月経・性器・避妊・性感染症
3	女のからだ基礎知識(2)　女のからだに起きるトラブル 〜乳房のトラブルと向き合う〜
4	女のからだ基礎知識(3)　妊娠・出産・産後のからだと性
5	女のからだ基礎知識(4)　更年期のからだと性
6	女のからだ基礎知識(5)　女のからだに起きるトラブル 〜月経困難症・ＰＭＳ・子宮筋腫・子宮内膜症〜
7	女のからだ基礎知識(6)　女のからだに起きるトラブル 〜子宮ガン・骨粗しょう症に焦点をあてて〜
8	女性の人生づくり　〜女の健康とは？〜

(2)　アドバンスコースＡ「私の生き方〜性・セックス・セクシュアリティ」

1	中絶　〜産む性からの真実〜
2	セックス・マスターベーション　〜性的自己決定〜「私の場合」
3	子どものいる人生・いない人生
4	思春期のからだと性
5	母と娘　〜からだと性から考えるその生き方〜
6	セクシャリティ　〜私の生き方〜
7	社会の中で女性のからだと性はどう扱われているか

(3)　アドバンスコースＢ「リプロダクティブヘルス／ライツ生涯を通じた女性の健康と権利とは」

1	女性にとっての手術　〜受容とその後の生き方〜
2	女性が本当に望む医療とは
3	からだとこころのつながり　〜女性の「うつ」とジェンダー〜
4	医療現場からみた女の性と生
5	からだと性とドメスティック・バイオレンス
6	女性への暴力　〜援助のあり方〜
7	リプロダクティブヘルス／ライツとは何か

被害当事者やその身近な家族等も，からだや性に関しての迷信・偏見・思い込みなどの神話に絡めとられている場合があり，支援の場においてそれを払拭していくことが必要になってきます。被害当事者が信じ込まされている神話に対抗する言葉とその根拠を持つためにも，からだと性に関して支援員自身の自己点検は欠かせない作業となります。

SACHICO を利用された当事者の方から，こんなふうに言われたことがあります。「SACHICO は訪れるたびに支援員さんが変わりますよね。でもどの支援員さんも，同じように対応してくれて，こちらが何を尋ねても同じように返してくれるのです。口調やひとつひとつの言葉使いは違っても，同じことを伝えてくれているんだなぁとわかります。SACHICO の皆で私を支えてくれていると感じられて，とても嬉しい気持ちになります。」

本当に有難い言葉です。組織支援として SACHICO の支援員の力は欠かせません。いただいたこの言葉を裏切ることなく，これからも支援員の資質向上に向け，お互いが切磋琢磨し育成し合える関係性を築いていきたいと思います。

4 ウィメンズセンター大阪の役割

ウィメンズセンター大阪は，1984 年に設立しました。設立のきっかけのひとつが，1980 年に発覚した埼玉県所沢市の富士見産婦人科病院事件です。

富士見産婦人科病院では，医師免許を所持していなかった理事長が無資格の診療で当時はまだ珍しかった超音波検査をおこなっており，その診断から子宮や卵巣の摘出手術が行われ健康な子宮や卵巣を摘出していたという事件です。つまり，女性のからだが医療により消費されていたということです。

これは富士見産婦人科病院に通院していた女性だけの問題ではなく，全ての女性に共通する社会問題だと考え，女性が本当に望む医療を求め自分たちで女性のためのクリニックを作ろうと動き始めたのがウィメンズセンター大阪の始まりです。そのために，もっと女性が自分のからだを学ばなければならないと考え，産婦人科医師を招いての勉強会や女性たちが集まり語り合う場を設け，その中で「自分だけ」と抱えて誰にも言えなかったことが他の女

第3章　性暴力救援センターにおける支援員の養成・育成

性にも共通している困難さであったことを発見していきました。

　それはまさに1960年代以降のフェミニズム運動が発見してきたこと，「The personal is political（個人的なことは政治的なこと）」，個人の自己責任とされてきた事柄が実は仕組みのなかで起こっており，個々が分断され孤立させられることで温存されてきた構造的暴力の問題なのだということが認識されていくのと同じプロセスを辿ることになりました。

　ウィメンズセンター大阪では設立後まもなくから，女性特有のからだの悩みなど女性のからだと性と心の相談ができる「女・からだ110番」という電話相談をおこなっており，全国各地から女性たちの声が集まってきます。

電話相談　♀女・からだ110番　06-6632-7012

　　毎月第1・第2・第4木曜日　午後1時～午後8時

　　毎月第3土曜日　　　　　　午前10時～午後1時

　　　（第3・第5木曜日と祝祭日はお休みです）

　その中で，からだの不調の相談の背景にある過去の性暴力被害や性虐待被害の話をされる方も多く，被害にあった後もっと早期の段階で適切なケアや支援があれば，このように長きに渡って苦しまず様々な不調に悩まされずに済んだのではないだろうかと考えさせられることが実に多くありました。この女性たちの声を無駄にしないという思いが，ウィメンズセンター大阪がSACHICOの事務局を担うという現在の活動に繋がっています。

　またさらに2012年，ウィメンズセンター大阪内にて，19歳までの子どもを性暴力から守る相談電話「サチッコ」がスタートしました。2012年度大阪府「新しい公共の場づくりのためのモデル事業」としてウィメンズセンター大阪による「性暴力被害児童への総合的ケアシステム構築事業」の一環としてのスタートでした。

　「サチッコ」はSACHICOを訪れた10代の子どもたちの声から生まれま

116

した。医療的なケアが必要になるよりもっと前の段階から，「変だな，何か気持ち悪いな……」と感じていても，どこに相談して良いかわからなかったという子どもが大勢いました。SACHICOはその当時存在していませんでしたが，もし存在していても「私はまだSACHICOへ相談するほどじゃないかも……？」と電話をしていなかったと思うという子どももいました。SACHICOへ来て良かったという子どもたちでしたが，「見られたような気がする・近寄られたような気がする・可愛がってくれているのかも知れないけど何だか気持ち悪い」等，子どもたちが自分の感覚で感じていた様々なこと，まだあいまいなことでも気軽に話せる場所が欲しかったと教えてくれたのです。

　「サチッコ」の活動の中で，子どもへの性暴力防止のための地域づくりが重要であり，それは大阪府下，大阪市内においても推進していくべき喫緊の重要課題であると感じ，これまでの活動を大幅に拡大し，「SAP（Sexual Assault Prevention ＝サップ＝性暴力防止）子どもサポートセンター」と名称を変更し，子どもへの性暴力防止について未然防止・発生防止・悪化防止・再発防止のあらゆる側面からの取り組みもおこなうようになりました。子どもへの性暴力は，そのままにしておくと性暴力につながるかもしれないこと，性暴力の小さな芽を含め，まだ名前のついていない状態でも放置しないことが重要です。そのために子どもの身近なおとなが性暴力について正しい知識・情報・スキル・共通認識を持ち有機的な連携をおこなっていくことが，子どもの安全と安心を支えていくと考えます。SAP子どもサポートセンターでは，「サチッコ」電話相談の他にも，子どもへのアプローチと共におとなへのアプローチを通じて，おとなが二次被害を与えることなく「子どものからだと心と性を守る」地域づくりができるよう力を注いでいきたいと思っています。

第3章　性暴力救援センターにおける支援員の養成・育成

SAP子どもサポートセンターの主な活動は次の通りです。

1　CAP Action 部門　　CAP プログラムの提供

CAP（キャップ）とは……いじめ，誘拐，性暴力など子どもへのさまざまな暴力から，子どもを守るための予防教育です。

① 　教職員ワークショップ（専門職対象）

② 　保護者ワークショップ（市民・地域対象）

③ 　子どもワークショップ（学年ごとクラス単位）③のみのご依頼は受け付けておりません。

学校園単位でおこなう小学生プログラム（ベーシックプログラム）・就学前プログラム・中学生暴力防止プログラムのほか，児童養護施設プログラム　等があります。

2　SAP（サップ）Action 部門

① 　おとな向け各種講座・研修

＊おとなのための各種啓発講座

＊女性のためのセルフディフェンス講座

＊支援者向け各種研修　　等

② 　ティーンエイジャー向け各種講座・研修

＊中高生向けデートDV防止講座

＊女の子のからだと性を守る講座　　等

③ 　面接相談（予約制）　＊初回（50分）のみ無料です。

3　サチッコ（電話相談）部門

当事者の子どもからの相談だけでなく，子どもへの性暴力防止（予防・啓発・早期発見・早期援助スタート）のために，子どもの身近なおとなの相談窓口としてもご利用いただいています。必要な助言や関係する機関との連携，そのための様々な支援の提案などを行い，当事者に寄り添う支援を実施しています。

1　性暴力救援センター・大阪 SACHICO における支援員の養成

> **サチッコ　TEL06-6632-0699**
> （水曜日〜土曜日　14：00〜20：00）

　これらの SAP 子どもサポートセンターの活動により，重篤な状態で SACHICO を訪れなければならないような子どもたちを一人でも減らしていければと願っています。

　このようにウィメンズセンター大阪は設立時からずっと常に当事者の声を聴き続け，当事者が個人の自己責任のように抱えさせられてきた状況が実は誰にでも共通する社会の問題であるということをこれからも提起し続け，課題の解決に向けて様々な取り組みをおこなっていこうと考えています。

　そして，「女（わたし）のからだは女（わたし）のもの」をモットーに，身体の統合性と性的自己決定を侵害されることのない社会を目指して，今後も SACHICO をしっかりと支えていきたいと思っています。

（原田　薫）

2　支援員のセルフケア

1　支援員の二次受傷を防ぐ

　被害者支援の中で，支援員は当事者にとってとても大切な存在です。しかし，言葉に表し難い被害体験を確認し，必要な支援を被害直後から中長期に至るまで続けることは，支援員自身も被害者の体験を共有することであり，自分自身の安全感を動揺させられる体験です。

　また，支援の場で，医療・司法・福祉など様々な「専門家」と呼ばれる人たちと対面すること（しばしば協調と理解ではなく対決にもなる）や，当事者との間で生じる出来事で，身体感覚から気分・感情，自分が当たり前だとしてきた認知にまで，深い影響を被ります。

　こういった状況は，共感疲労，共感ストレス，二次的外傷性ストレス，代理受傷などと呼ばれ，広く知られています。深い関わりが必要な性暴力被害者への支援では，起こるべくして起こるもので，避けることは難しいです。類似の状況として，バーンアウト，燃え尽き症候群と呼ばれる状態に陥ることもあります。バーンアウトとは「感情的にぎりぎりの状況下で長時間従事することによって起こる，身体的，感情的，精神的疲弊」とされ，下記のような変化をからだにも心にも，もたらします。

① 　身体の変化（例：疲労や身体的消耗・疲弊，睡眠障害，頭痛などの痛みや痺れ，消化器症状やめまいなどの体調不良，感冒などへのかかりやすさ）
② 　心理的な変化（例：不安，落ち込み，イライラ，罪悪感，無力感，孤立感）
③ 　行動の変化（例：怒りっぽい，無感覚になる，回避的になる，防衛的になる，厭世的になる，物質乱用）
④ 　仕事に関わる変化（例：離職，仕事の能率が落ちる，遅刻・早退・欠勤）

第3章　性暴力救援センターにおける支援員の養成・育成

⑤　**対人関係の変化**（例：おざなりな対話，話題に集中し焦点を絞る会話ができなくなる，当事者や同僚から遠ざかろうとする，家族や友人との関わりが減ってしまう）

これらは，徐々に始まり，周囲や自分の身体・言動に対する現実感の喪失だけでなく，達成感の低下や目標の喪失，自分自身への失望を伴います。自分自身だけでなく，同僚や家族・友人も含め，業務だけでなくプライベートな部分にも影響を及ぼします。

「被害が自分の中にも拡がる」二次受傷は慢性的に生じるバーンアウトの原因のひとつです。

なぜ支援者の中に「被害（外傷体験）が拡がる」のでしょうか。フィグリーは以下の4つの理由を挙げています（『二次的外傷性ストレス―臨床家，研究者，教育者のためのセルフケアの問題』B. H. スタム編　2003年）。

①　共感性はトラウマ・ワーカーがトラウマを負った人を援助するうえで最も重要な資質であることと。

②　多くのトラウマ・ワーカーは人生において何らかの外傷性の出来事を体験していること。

③　トラウマ・ワーカーが持つ未解決のトラウマが，クライエントが同様のトラウマを話したときに活性化されること。

④　子どものトラウマはケア提供者にとって見過ごせないものであること。

トラウマ・ワーカーの部分を支援員と置き換えてください。

共感は，相手の身になって感じることから生じるので，共感的に関わるほど自分の身体感覚にまで深い影響を被ります。しかし，「被害者が一番辛い体験をしているのだから，聞くだけで疲れるのは支援者失格だ」など，自分自身の感覚や感情を封じ込めてしまうことも少なくないはずです。多数のケースを抱えながら，長期にわたる支援を続けることは，たとえ自らの意志で始めたことであっても，葛藤や疲労を伴います。支援者としての活動や自分自身の生活で抱えてきた問題は，簡単に解決できるものではありません。

眠っていた自分自身の課題が，自分でも気づかないうちにうごめきだし，や
り場のない怒りや悲しみと共に無力感や孤立感など様々な思いが揺さぶられ
ることにつながります。とりわけ，まだ幼く力を持たない子どもに関わる時
は，なおさらです。

　回復への支援を継続するために，二次受傷の衝撃を軽減しバーンアウトを
避けることは，私たちがずっと抱え続けていく課題です。SACHICO 開設か
ら今まで，日々の問題にぶつかるたびに話し合いを繰り返し，手探りでの活
動を続けてきました。その中で，大切にしてきたことを挙げてみます。

① 　被害で生じる影響は，身体面，心理面，社会面など多岐に及ぶので，
　　学び直す機会（研修，スーパービジョンなど）を定期的に持ち，絶やさな
　　い。

② 　問題に対する長期的な視点と現在必要な支援を見失わないために，検
　　討会を続ける。「今，ここで必要なこと」をより具体的な言葉にして，
　　一人で抱え込まずに，業務・役割を分担する。性急な解決よりも，「今
　　できること」の積み重ねが，実を結ぶことを信じる。

③ 　被害者の人生の中には，性暴力被害だけではない，大切な歩みがある。
　　被害だけに捉われた支援にならないためにも，「回復のペースは当事者
　　が決める」を忘れない。

④ 　自分自身の体調や気持ちに正直になることを優先して，難しいと感じ
　　ることを，互いに伝え合い，聴き合う。安全に支え合うためにも，ルー
　　ルと境界線を守り，互いのペースを尊重する。

⑤ 　自分自身のコントロール感を失わないために，業務と生活のバランス
　　を考慮した環境とスケジュールを調整して，自分の健康と安全・安心を
　　維持する方法を確保する。

⑥ 　「笑う」「楽しむ」「くつろぐ」時間などゆとりを持った感情を大切に
　　する。

⑦ 　「疲れ」「悲しみ」「怒り」などを抱え込まずに，表出できる方法を探
　　り，場所を作る。

第3章　性暴力救援センターにおける支援員の養成・育成

　最も大切なことは，「一人で抱え込まない」です。チームとして共に被害者を支援するために，一緒に考えて行動することで，互いに支え合えることが何よりも大切です。一人一人が「わたしのからだはわたしのもの，わたしの心はわたしのもの」を意識して，自分自身を大切にすることは，支え合い，話し合うために必要です。「一人で抱え込まずに相談してみよう」「自分の体と心を大切にすることを考えてみよう」「そのためにも自分の中にある様々な感覚や感情に向き合ってみよう」「封じ込めずに安心な場所で表現してみよう」「こうして今ここにいる自分の力を信じよう」「自分のからだと心を自分のために取り戻そう」「そして，もう一度，世界とつながってみよう」と，回復を支えるために被害者に寄り添い続けるのが支援員の役割です。孤立せずに話し合えることとセルフケアは，被害者の回復を支えるアンカー（錨）である支援員の命綱であることを忘れないでください。

（久保田　康愛）

② セルフケアの必要性

　当事者によりそいサポートしていくためには，支援員自身が自分の心身の状態はどうなのかを把握し，良い状態を保つ必要があります。

　被害直後の急性期から中長期支援においての関わりのなかで，共感疲労や代理受傷に陥る危険性があり，それを防ぐために，定期的なカンファレンスやスーパーバイズを行う事はもちろんですが，自分自身がストレスを溜め込まずにリフレッシュ・リラックスできる何かを持っておくことは大切なことだと思います。

　わたし自身，業務や日常の忙しさから余裕のない状態が続き，頭痛や肩こりなど慢性的な疲労がある状態で看護ケアを行っている時期がありました。自分自身がストレスケアを行っていくことで，心身の疲労が回復し，患者さんへ対応する時の気持ちの余裕もでき，セルフケアの必要性を実感しました。

2　支援員のセルフケア

③　セルフケアの具体例

　ストレスと脳，内分泌，免疫，自律神経系は密接に関連しています。

　自律神経には交感神経と副交感神経があり，ストレスが加わっている時には交感神経が活性化します。呼吸や心拍数は増え，血圧も上がります。そして，過度なストレスがかかることによって交感神経，副交感神経の切り替えがスムーズにできなくなります。

　リラクゼーションの効果として，副交感神経の活性化により気持ちも身体も落ち着きを取り戻します。長期的な効果としては，心身のコントロール感が得られ，自分らしいパフォーマンスの力が発揮できるようになると言われています。[1]

　セルフケアのひとつとして呼吸リラクセーション方法を紹介します。

呼吸リラクセーション

　軽く目を閉じてリラックスしましょう

　骨盤を起こして背骨を自然に立てて座ります

　足の裏は床につけて浅く座って下さい

　座るのが嫌な人は肩幅に足を開いてリラックスして立ちます

　おへそのあたりに手をあてて下さい

　目を閉じたまま深呼吸をしていきます

　息を口から細く長く，ふーっと吐いて，吐ききったら鼻から吸います

　おへそのあたりまで息が入るまで吸ったらまた口から細く長く途切れなくゆっくり吐ききりましょう

　もう一度繰り返します

- 吸う息と吐く息を1：2の割合で繰り返します。4秒吸って1秒とめて8秒かけて吐ききります。すると1分間に4回程度の呼吸になります。

- 呼吸筋は横隔膜を用います。横隔膜のなかでも呼気の調整は副交感神経を活性化すると言われ，そのことでリラクセーション効果が誘発されると考えられています。[1]

第3章　性暴力救援センターにおける支援員の養成・育成

・はじめからここまでゆっくりできなくても，自分のペースをつかみ，無理なくゆっくりできていけばOKです。
・リラックスできる音楽をBGMで流したり，お好みの香りで芳香浴をしながら深呼吸をするのも良いでしょう。

　セルフケアとしてSACHICOで案内しているものにアロマセラピーがあります。

　わたし自身もアロマセラピーマッサージを体験し，香りの効果とタッチングの効果で癒され，さらに月経痛やPMS（月経前症候群）で辛かった症状をコントロールできました。

　癒しを体験していく中で，これは患者さんのケアにも役立てられると思い，臨床アロマセラピストを育成しているスクールで専門的に学びました。実際にがん患者さんのケアや，手術後の不眠の患者さんにはとても良い反応がみられました。今では様々な病院や介護施設，企業のメンタルヘルスにも導入されつつあります。

　精油は医薬品ではなく，アロマセラピーは治療ではありません。

　香り自体を好まない人もいますし，すべての人に私が得られた感覚や癒しが同じように感じるかと言えばそうではないと思います。

　SACHICOでは，様々なセルフケアの中から自分がどれをしたいのか選び，アロマセラピーにおいても，この症状だからこれと決めつけるのではなく，その時の好みの精油を，自分自身で選んで使っていくという事を一番大切にしています。

　現在は，患者さんのケアだけではなく，日常のセルフケアとして「わたしのからだとこころ」を見つめ，感じてもらえるように，また，失った身体感覚を取り戻すためのひとつのツールとして，アロマセラピーを伝えていく活動をしています。

アロマセラピー

アロマセラピーはアロマ（芳香）セラピー（療法）の造語で，補完・代替医療のひとつです。アロマセラピーは植物の花や果皮，葉，木幹，根など様々な部位から抽出された精油（エッセンシャルオイル）を使用します。

精油とは植物の中にある沢山の芳香成分の混合体で，芳香性有機化合物という小さな分子の集まりです。精油1滴を採る植物の量や抽出方法はそれぞれ違います。

ローズは手摘みで収穫され，1滴の精油を採るのに約50本分の花びらが必要と言われます。収穫できる時期も決まっています。精油は品質が良く，量が採れないものは希少価値が高く，必然的に高価になります。

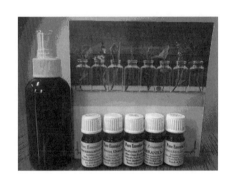

アロマセラピーが心身に影響を与えるメカニズム

① 鼻から脳へ

鼻から入った分子が嗅上皮の嗅細胞の一部に吸着されます。そこで電気信号に変わり，嗅球という脳の一部に伝達され，瞬時に本能を司る大脳辺縁系へと伝わっていきます。

大脳辺縁系とは，食欲，性欲，喜怒哀楽などの情動をコントロールする脳です。直接ここに刺激が伝わるのは五感のうち嗅覚だけといわれています。

自律神経系や内分泌系，免疫システムの司令塔と言われる脳下垂体や，

記憶に関係する海馬（かいば），好き，嫌い，喜びや悲しみなど原始的な情動に関係する扁桃体（へんとうたい）に影響を及ぼします。

② 呼吸器から全身へ

呼吸で吸い込まれた精油の芳香分子は鼻や，口から喉を通り気管，気管支，肺へと進み肺の末端にある肺胞で血管壁を通って吸収されます。香りの成分は分解され，代謝，排泄されます。

③ 皮膚から全身へ

アロマセラピーで用いられる精油はとても小さい分子構造をしています。

皮膚は表皮，真皮，皮下組織の三層から成り立っています。表皮と真皮の間にある保護膜をバリアゾーンと呼びますが，精油はこのバリアゾーンを通過し，真皮層の中にある血管に入り全身へ廻ります。精油を植物油や大量の水に希釈し使用するプロセスがこの方法にあたります。（アロママッサージやアロマバスなど）

精油は植物の成分を濃縮したものです。ハーブティーや，食事で口にするハーブとは全く植物の使用量が異なります。精油を原液で皮膚に塗布することや飲用は禁忌です。

精油を直接バスタブに入れたり，フットバスに使う方法を紹介している書籍もありますが，皮膚が弱い方などは微量でも直接肌に触れた時に，刺激やかぶれの原因になる事もありますので注意が必要です。

香りは記憶と密接に関係しています。特定の香りが記憶を呼び覚ます現象を「プルースト効果」といいます。これは，フランスの作家マルセル・プルーストの小説に出てくるエピソード（朝食のマドレーヌの香りで幼い頃を思い出す場面）が由来となっています。

嫌な記憶と結びついている香りは，気持ちがしんどくなったり，落ち込んだりすることもありますが，良い記憶と結びついている香りは心地よさに繋がります。

「いい香り」という快を感じると，脳から「セロトニン」が分泌され，生きる意欲が沸いたり，脳内モルヒネといわれ，モルヒネの 150 倍の鎮痛効果

2　支援員のセルフケア

を示すともいわれる「βエンドルフィン」が分泌されたり，あるいはからだ
の緊張を解きリラックス状態にする「アセチルコリン」が分泌されることが
分かっていると言われています。[2]

　心身に良い影響をもたらすためには，その日，その時に好きな香りを選ぶ
ということはとても大切なことなのです。

（芳　香　浴）

　精油の香りを部屋に蒸散させる方法や鼻や口から吸いこむ吸入，ガーゼや
ティッシュ，ハンカチに垂らして吸い込む方法があります。
　超音波の振動で拡散するデュフューザーや，電球の熱で蒸散させるアロマ
ライトや加湿器などがあります。
　簡単に使えるのはティッシュに数滴垂らして使用する方法です。
　病院ではよくティッシュに垂らし，それを部屋のダストボックスなどに入
れてふんわりと香りを漂わせていました。枕元に置いて使用することもでき
ます。電気も使わず安全に楽しめる方法です。
　手作りのアロマスプレーを使う方法もあります。自分がリラックスできる
精油で，オリジナルのスプレーを作り，就寝前やリラックスしたいときに利
用できます。

《ルームスプレーの作り方》
　用意するもの
　・50 ml のスプレー容器（遮光容器が好ましい）
　・無水エタノール　10 ml　　・精製水　40 ml
　・お好みの精油　20 滴

①　スプレー容器に無水エタノールを入れてお好みの精油を入れて良く
　　振ります
②　精製水を追加し更によく振ったらできあがり

・スプレーする場合は一旦振ってから使用して下さい。無水エタノールを

129

第3章　性暴力救援センターにおける支援員の養成・育成

入れない場合は精製水を 50 ml にして，精油は水に溶けませんので，ス
プレーにさらに良く振って使用して下さい。

・精油は種類によってはプラスティックを溶かす場合があるので，ガラス
製の容器をお勧めしますが，お肌に対して使用するのでなければプラス
ティック製（ポリエチレン製　PE）でも OK です。ポリ塩化ビニルやポ
リプロピレンなどの素材の容器は短時間で溶けてしまう事があるので使
用しないようにしましょう。

マグカップに熱めのお湯を入れて，精油を 2 ～ 3 滴垂らし，立ち上がる蒸
気を吸い込む吸入法も簡単にできます。

また，ガーゼに 1 滴精油を垂らし，そのガーゼを（精油が付いた側が外に
なるように）

マスクの中に入れて吸入する方法もお勧めです。垂らした精油が肌に付か
ないしましょう。

わたしは，夜勤中，集中力を維持したい時など，マスクにレモンやペパー
ミントの精油を使用し役立てています。

アロマセラピーでは，植物以外の香りや人工香料は一切使用しません。日
本では精油は雑貨扱いで輸入され販売されていますので，中にはアルコール
や人工香料が添加されている精油に似たものもたくさん販売されています。
信頼できる専門店で，実際に好きな香りか確認して購入しましょう。

そして，使用上には注意する点があります。

植物から採れた 100 ％ピュアな精油だからといって安全ではありません。

持病があったり，アレルギーがあると使えない精油もありますし，濃度や
種類など子どもや妊産婦に注意が必要なものもあります。

これは専門店で聞くなど確認をしてください。

アロマセラピーマッサージ

「手当て」や「タッチング」という言葉があります。

お腹が痛い時，そっと痛い所に手をあてると痛みがましになった経験はあ

2 支援員のセルフケア

りませんか？

　優しく撫でてさするという行為がひとつのセラピーとして効果があると言われています。

　タッチの効果については様々な研究がされており，リラクゼーション効果や苦痛や不安の軽減に繋がる事が明らかになっています。

　アロマセラピーマッサージは，植物油に精油を混ぜたマッサージオイルを体に塗布し，優しくさすったりするマッサージの方法です。これは，自分自身で行うことも出来ますし，人にマッサージしてもらう事もできます。

　わたしは，初めてアロママッサージを受け，心身共にほぐれていく経験をし，こんなに人を癒せるケアがあるのかと感動しました。

　マッサージを受ける事で，血流が良くなり筋肉の緊張をゆるめたり，触れることで，自分と外部の境界を確認することや，ここにいるという実感，失われていた身体感覚を取り戻す為のツールにもなります。

　タッチの効果については先でも述べましたように，心身にとって良い影響があると言われていますが，それは安心で安全と認識できた場所や関係性で行われることがとても大切です。準備出来ていない状況で触れられたり，安心と思えない環境で触れられるのは苦痛でしかありません。触れられることが苦手と思う人もいます。「わたしは手だけなら大丈夫」など，人により様々です。このケアが絶対にいいと押し付けるのではなく，その人自身で選ぶ，相談，確認しながらすすめていくといった事がとても大事だと思っています。

【引用文献】
1）　小板橋喜久代『ナースのための補完・代替療法の理解とケア』第Ⅵ章（Gakken，2004年）
2）　相原由花『心・からだ・魂に触れるアロマセラピー』（いのちに触れるコミュニケーションより）（オフィスエム，2009年）
【参考文献】
1）　今西二郎・相原由花・岸田聡子『患者さんから学ぶ臨床アロマケアの秘訣』（南山堂，2018年）

第3章　性暴力救援センターにおける支援員の養成・育成

2）竹林直紀『薬にたよらない心療内科医の自律神経がよろこぶセルフヒーリング』（青春出版社，2015 年）

3）山口創『手の治癒力』（株式会社草思社，2012 年）

4）ジェーン・バックル『クリニカル・アロマセラピー〔第 3 版〕』（フレグランスジャーナル社，2015 年）

（生魚　かおり）

〈コラム〉セクシュアル リプロダクティブ・ヘルス＆ライツの将来

| コラム | セクシュアル リプロダクティブ・ヘルス＆ライツの将来 |

　2010 年 4 月に SACHICO を開設して以来，丸 8 年が経過しました。来所の件数は，図 1 のように，年々増え続け，2017 年度は 1,359 件に上りました。再診の人の数が増えているからだろうと考えています。同時に図 2 のように初診の人の数も 2017 年度は 305 人に上り，今までで一番多くなりました。来所が 1,359 件ということは，平均すると毎日 3 人から 4 人の被害者が来ていることになり，初診が 305 人ということは，ほぼ毎日 1 人新しい被害の人が訪れている計算になります。

　SACHICO では，まず支援員が「よく来てくださいました」と迎え入れ面談します。面談内容をもとに医師が診療をし，回復に向けての手立てをともに考えます。次回の予約を入れ，再度支援員が「質問はないですか？」とたずね，病院を出てもらうまで，通常 1 時間かかりますが，2 時間前後かかることも少なくありません。その結果，1 時間ごとの予約枠が大幅にずれ込み，次の人をかなりお待たせするという，申し訳ない状況になることもあります。

　SACHICO における支援は，産婦人科医師と支援員とが共同でしています。図 3 のように，SACHICO 開設後急速に被害者の数が増えたということは，「支援のできる場所で診療できるようになったから，」だと考えています。すなわち，SACHICO が病院拠点型の救援センターとしてスタートしたからということを示しています。

　「性犯罪・性暴力被害者のためのワンストップ支援センター開設・運営の手引き」本文 2 ページ，手引作成方法として，「国内のワンストップ支援センターとして平成 22 年 4 月に大阪府松原市の阪南中央病院内に開設された性暴力救援センター・大阪 SACHICO について，施設・実際の運用状況等を視察し，病院関係者や支援スタッフ等との意見交換を行った。」とありますように，手引作成委員会は，SACHICO を視察・調査しました。その上で，ワンストップ支援センターに求められる核となる機能として，⑴支援のコーディネート・相談と⑵産婦人科医療（救急医療・継続的

133

第3章　性暴力救援センターにおける支援員の養成・育成

図1　SACHICO 来所件数年次変化

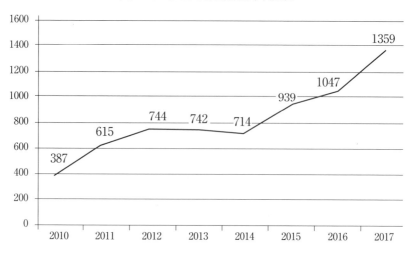

図2　SACHICO 初診事例数年次変化

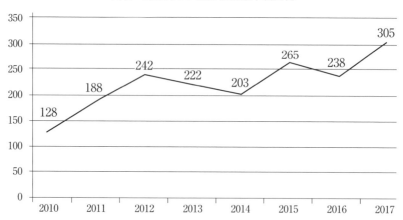

〈コラム〉セクシュアル リプロダクティブ・ヘルス＆ライツの将来

図3 レイプ・強制ワイセツ被害者数（8割はレイプ）年次変化

阪南中央病院　2006年4月〜2018年3月

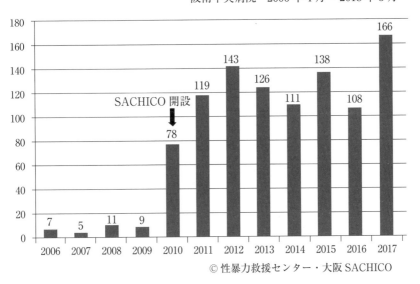

Ⓒ 性暴力救援センター・大阪 SACHICO

な医療・証拠採取等）を挙げています。（手引8頁〜11頁）そして，ワンストップセンターの形態として，「病院拠点型」が望ましい，と結論付けています。但し，地域の事情により，拠点病院の確保が困難な場合は，「連携型」を考えることもできる，と書かれています。この「拠点病院の確保が困難」とはどういうことでしょうか？

それは，拠点病院確保のための条件が整備されていないからです。すなわち，法律で拠点病院を定義し，拠点病院とするための要件を定め，国または自治体の設置義務を明記し，財政的な裏付けがなされることによって，拠点病院確保の可能性は大きくなっていくと期待できます。そのためには，拠点病院の整備を明記した「性暴力被害者支援法（仮）」がどうしても必要です。

「セクシュアル リプロダクティブ・ヘルス＆ライツ」「性と生殖に関する健康と権利」は，性暴力被害からの回復と未然防止なくしては獲得できません。被害からの回復のための砦となる性暴力救援センターが，病院拠

第3章　性暴力救援センターにおける支援員の養成・育成

点型センターとして機能すると同時に，個々の当事者にとって急性期から
中長期的までのフォローアップセンターとして他機関と有機的なつながり
を持っていくことが必要です。また，学校や児童相談所との連携等による
未然防止のための活動や性教育の実践なども重要です。特に十代の子ども
たちにとって，「性の自立」「セクシュアルヘルス＆ライツ」を獲得できる
までの「立ち寄りどころ」となれればと願っています。

（加藤　治子）

あ と が き

　シリーズ1「性暴力被害者の法的支援——性的自己決定権・性的人格権の確立に向けて——」,シリーズ2「性暴力被害者の医療的支援——リプロダクティブ・ヘルス＆ライツの回復に向けて」に続く,今回のシリーズ3「性暴力被害者への支援員の役割——リプロダクティブ・ライツをまもる——」で,性暴力被害者の総合的・包括的支援の全3巻となりました。

　法的支援,医療的支援,支援員……どんな役割や立場の人にも,被害者支援に携わるすべての人に求められていることは,被害当事者の声に耳を傾け,被害当事者の人格を尊重し,そして被害当事者に学ぶ,そんな姿勢ではないでしょうか。私自身,小さな失敗を繰り返しながらも,被害当事者から多くのことを学び,日々成長させていただいています。そして,支援者と被害当事者,そして支援者同士,関係する人がみな互いに人として尊重し合う,そんな対等な関係性の中で,被害者の回復につながる支援が生まれてくるのではないかと感じています。

　ところで,シリーズ1が刊行されてから10か月,今では性暴力被害者支援ワンストップセンターが全国47都道府県全てに設置されるまでになりました。しかし,その多くはいわゆる「連携型」で,「病院拠点型」はまだ少数にとどまっています。シリーズ巻頭の「『性暴力被害者の総合的・包括的支援』全3巻の出版にあたって」で,加藤治子理事長が述べたように,これからは「連携型」をステップとして,「病院拠点型」にいかに発展させていくかということが課題となっています。そのためには「病院拠点型」を位置づける根拠法の制定や制度の整備,拠点病院やワンストップセンターを支える公的な財政的保障が欠かせません。

　全国どこでもすべての被害者が一定の質を備えた総合的・包括的支援を受けられる日が一日も早く実現するよう,より一層の制度改革を進めるとともに,日々の支援活動の中で,このシリーズ全3巻がお役に立てれば幸いです。

あとがき

　最後に，性暴力被害者支援の社会的意義を理解してくださり，本書を出版
いただいた信山社の稲葉文子さんに深く感謝を申し上げます。

　2018 年 10 月

性暴力救援センター・大阪 SACHICO 理事
弁護士　雪田　樹理

執筆者紹介 （執筆順）

加藤　治子（かとう　はるこ）　　　阪南中央病院産婦人科医師
　　　　　　　　　　　　　　　　　性暴力救援センター・大阪 SACHICO 理事長

楠本　裕紀（くすもと　ゆき）　　　阪南中央病院産婦人科医師
　　　　　　　　　　　　　　　　　性暴力救援センター・大阪 SACHICO 運営委員

生魚かおり（いきお　かおり）　　　性暴力救援センター・大阪 SACHICO 運営委員

山本　恒雄（やまもと　つねお）　　社会福祉法人恩賜財団母子愛育会愛育研究所
　　　　　　　　　　　　　　　　　客員研究員　　臨床心理士
　　　　　　　　　　　　　　　　　性暴力救援センター・大阪 SACHICO 理事

丸山　恭子（まるやま　きょうこ）　カリフォルニア州認定ソーシャルワーカー
　　　　　　　　　　　　　　　　　臨床心理士
　　　　　　　　　　　　　　　　　性暴力救援センター・大阪 SACHICO 運営委員

原田　　薫（はらだ　かおる）　　　性暴力救援センター・大阪 SACHICO 運営委員

高見　陽子（たかみ　ようこ）　　　性暴力救援センター・大阪 SACHICO 運営委員

当事者A.

久保田康愛（くぼた　やすえ）　　　精神科医
　　　　　　　　　　　　　　　　　性暴力救援センター・大阪 SACHICO 運営委員

＜性暴力被害者の総合的・包括的支援 シリーズ 3 ＞

性暴力被害者への支援員の役割
──リプロダクティブ・ライツをまもる──

2018（平成30）年11月30日　第1版第1刷発行

8696：P152　¥1800E-012：010-002

© 編　者　　特定非営利活動法人
　　　　　　性暴力救援センター・
　　　　　　大阪 SACHICO
　　発行者　　今井　貴・稲葉文子
　　発行所　　株式会社　信 山 社
　　　　　　　　　　　編集第2部

〒113-0033　東京都文京区本郷 6-2-9-102
Tel 03-3818-1019　Fax 03-3818-0344
info@shinzansha.co.jp
笠間才木支店　〒309-1611 茨城県笠間市笠間 515-3
Tel 0296-71-9081　Fax 0296-71-9082
笠間来栖支店　〒309-1625 茨城県笠間市来栖 2345-1
Tel 0296-71-0215　Fax 0296-72-5410
出版契約 No.2018-8696-0-01011 Printed in Japan

印刷・製本／ワイズ書籍（Y）渋谷文泉閣
ISBN978-4-7972-8696-0 C3332　分類326.312

JCOPY　《(社)出版者著作権管理機構 委託出版物》
本書の無断複写は著作権法上での例外を除き禁じられています。複写される場合は,
そのつど事前に, (社)出版者著作権管理機構(電話03-3513-6969, FAX03-3513-6979,
e-mail: info@jcopy.or.jp)の許諾を得てください。

> シリーズ全3巻

性暴力被害者の総合的・包括的支援

シリーズ1　性暴力被害者の法的支援—性的自己決定権・性的人格権の確立に向けて〔既刊〕
シリーズ2　性暴力被害者の医療的支援—リプロダクティブ・ヘルス&ライツの回復に向けて〔既刊〕
シリーズ3　性暴力被害者への支援員の役割—リプロダクティブ・ライツをまもる

性暴力と刑事司法

大阪弁護士会人権擁護委員会性暴力被害検討プロジェクトチーム 編

2014.2刊行　2,900円(税別)

本書の発刊に寄せて〔福原哲晃〕
　序　章〔雪田樹理〕
第1部　わが国の性暴力犯罪と刑事司法の問題状況
　第1章　わが国の性刑法規定の問題点〔斉藤豊治〕
　第2章　性刑法の運用上の諸問題〔雪田樹理〕
第2部　無罪判例の批判的検討
　第3章　2つの最高裁判例
　　【1】強制わいせつ無罪判決（最高裁平成2年4月14日決定）〔宮地光子〕
　　【2】強姦無罪（最高裁平成23年7月25日判決）〔島尾恵理〕
　第4章　最近の下級審の裁判例
　　【3】強制わいせつ無罪（奈良地裁平成21年4月30日判決）〔太平信恵〕
　　【4】強姦無罪（大阪地裁平成20年6月27日判決）〔野澤佳弘〕
　　【5】集団強姦—1審無罪から控訴審有罪になった事例
　　　　（大阪地裁平成23年12月2日判決、大阪高裁平成25年2月26日判決）〔髙坂明奈〕
　　【6】強制わいせつ無罪（福岡地裁平成23年7月12日判決）〔養父知美〕
第3部　性暴力に関する法の運用と課題—研究者の立場から
　第5章　最高裁判所の無罪判例の分析と問題提起—なぜ性犯罪無罪判決を歓迎できないのか〔後藤弘子〕
　第6章　裁判所の「経験則」は正しいか？—誤判を防ぐために〔井上摩耶子〕
　第7章　法医学者からみた性暴力対応の現状〔高瀬　泉〕
　第8章　性犯罪の裁判員裁判の現状と課題—「市民の目線」は何を変えるのか〔平山真理〕
第4部　諸外国における性刑法の改革
　第9章　アメリカにおける性刑法の改革〔斉藤豊治〕
　第10章　フランスにおける性刑法の改革〔島岡まな〕
　第11章　ドイツにおける性刑法の改革〔高山佳奈子〕
　第12章　イギリスにおける性刑法の改革〔川本哲郎〕
　第13章　韓国における性刑法の改革〔崔　鍾植〕
　第14章　まとめ—諸外国の性刑法改革〔斉藤豊治〕
　終　章　改革の提言〔雪田樹理・斉藤豊治〕
あとがき〔雪田樹理〕

信山社